自分時間を作りだす 5倍速家事

Nagisa

はじめに

この本を手にとっていただき、ありがとうございます。

福岡で活動をしている整理収納アドバイザーのNagisaです。小学生男子の子ども2人、単身赴任中の夫と3LDKのマンションで暮らしています。

整理収納アドバイザーとして本格的に活動を開始したのは約3年前。大学も大学院も情報工学を専攻し、ゴリゴリの理系女子だった私は某企業の開発部に就職、憧れの東京で仕事をはじめます。夫の北海道への転勤を機に退職したことで、暮らしと向きあうきっかけが生まれました。

子育て前には当たり前のようにこなしていた家事が、2人育児がはじまると全く終わらない。毎日リセットできていたキッチンには食器がたまり、おもちゃはまきびしのように床に散乱、赤ちゃんだった次男を抱っこしたまま動けない状態から、目に入る部屋の様子はただストレスでしかありませんでした。

2歳の長男にはどなりちらし、いつもイライラしているお母さん……今思えば考えられない母親像だったと思います（もうひとり自分がいたら……と何度思ったことか）。大人としゃべりたくて近所の児童館に行っては日々のたわいもない話を聞いてもらったりもしていました。

そんなときにはじめたのが「モノと向き合う」こと。長男の育児中に読んだミニマリストの本や少ないモノでも豊かに暮らせる内容の本を思いだし、たくさんのモノと向き合いはじめたのです。当時は、真っ白なボックスを買ってみたり、ケースにビニール袋を入れてみたり……自己流でいろいろと試していた時期でもありました。

そして、長男の幼稚園入学のタイミングで福岡へ引っ越します。当時は1DKの賃貸に3人暮らしでした。次男が2歳のとき、今まで自己流でやってきた答えあわせをするつもりで整理収納アドバイザーの2級を受講。その面白さにどんどん引きこまれていきました。理論に基づいた収納によって、日々の暮らしがどんどん楽になり、暮らしの変化を実感していったのです。

その後、整理収納アドバイザー1級の資格はとったものの、その生かしかたがわからずにアルバイト探しをしていたとき、ビジュアルコンサルタントの能《の》登《と》屋《や》英里《えいり》さんからお声がけいただき、フリーランスとしての活動をスタート。これが私の転機だったと思います。

ここから、育児・仕事・家事と限られた時間のなかでやるべきことが増えていきます。どれも手を抜きたくない、全力でやりたいという気持ちから、より効率化を重視した収納や暮らしを考えるようになりました。

SNSでの発信活動を続けていると、フォロワーさんたちから

「5倍速のNagisa」といわれるほど、マルチタスクで家事と育児を行い、とにかく毎日が楽しそう！　といってもらえるまでに。小さな工夫の積みかさねで今の暮らしを作りあげ、周りからは「5倍速」で動いているように見えてしまうことから、「5倍速家事」が生まれたのです。私の発信をきっかけに暮らしを見なおしたり、家事が楽になったというお声もたくさんいただくようになりました。

この本では、仕事も子育ても暮らしもあきらめたくない私が時間を生みだすために実践していることや、暮らしのしくみをご紹介しています。日々の暮らしが忙しくてどこから見なおせばいいかわからない人や、自分のやりたいことに時間を作りたい人が新しい視点で暮らしを見つめなおすきっかけになると嬉しいです。すべてを同じにしなくても、ひとつでも参考にしていただけるポイントが見つかると、暮らしと向きあう一歩になると思っています。

Chapter 01

小さな時短を積みかさねて5倍速

Chapter 02

行動を先読みして5倍速

Chapter 03

苦手なことはプロの力を借りて5倍速

Chapter 04

マインドリセットで5倍速

Chapter 05

あえてやめる家事で5倍速

Introduction

5倍速家事とは?

「5倍速家事」という言葉を見て、みなさんはどんな家事を想像しましたか？　家事のスピードが5倍になる？　自分時間が5倍になる？　いろいろなことを想像してこの本を手にとってくださったかと思います。自由な時間が5倍になったら夢のようですが……残念ながらそれは難しいです。「5倍速家事」は、ストップウオッチで正確にはかって5倍の時間を生むような手法ではないからです。

育児と家事で一生懸命だったときに「仕事」という新しくやりたいことが増えました。そのため長男が幼稚園から帰ってくるまでの5〜6時間でやっていたことをギュッと1時間に短縮し、仕事の時間を生みだせないかと工夫したのが「5倍速家事」なのです。

1日が24時間であることはみんな平等。でも、その1日をやるべきこととやりたいことでどのようにつくりあげていくかが大事です。ワンオペで育児と家事をしているからといって、せっかくいただいた仕事のチャンスをあきらめたくなかった私のように、もっとやりたいことに時間をかけたい人はたくさんいるはず。

よく「生き急いでいる」といわれるのですが、それはあながち間違いではありません（笑）。私は20代のときに皮膚がんになったことがあり、生きているのが当たり前ではないと考える経験をしています（いろいろなラッキーが重なってがんは早期にさよならしています）。でも15年以上たった今、子どももいて毎日幸せに生きている。毎日健康で生きていることがこのうえなく幸せだからこそ、その時間を大切にしたいという思いは強いのです。マイナスなことに時間を使っているヒマなんてないんです。病気をしていなくたって、いつ何が起こるかなんてわからないのですから、限りある日々は楽しんだもん勝ちだと思いませんか？

5倍速家事は、「自分のやりたいことへの時間を生みだす」ことが最大の目的です。それはダラダラと過ごす時間のためでもいいし、韓国ドラマを観る時間でもオッケー。暮らしにメリハリがでると、同じ時間を過ごしていても「なんとなく生きる」が、より濃密な時間になり、充実していくと思います。

くりかえしになりますが、「5倍速家事」は、ただスピードアップをすることが目的ではありません。部屋のしくみや暮らしの組み立てを見直すことで小さな時短が積みかさなり、時間を生みだすことにつながるのです。暮らしは景色になってしまいがち。毎日やっている家事でさえ、そのルーティンが当たり前になると新しい視点でしくみを見直すことは難しくなってしまいますよね。

私自身のＩｎｓｔａｇｒａｍでは完璧にこなしているように見られるけれど、この本を読んでいくと、こんなふうにオンオフを切り替えているのか、ここはちゃんとやってないんだ！なんて一面も見えるはずです。全部完璧にこなすなんて無理ですからね。

だから、みなさんにもすべて真似してくださいなんていいません。みなさんの暮らしに合わせてとりいれられるものがひとつでも見つかり、そして暮らしが楽になった！　こんなことができるようになった！　という結果につながったら、私は幸せです。

平日のとある日のルーティン

① 5:00
起床
床掃除
手帳＆美容タイム

6:00
子ども起床

② 7:15
子どもと出発して
見送り

③ 7:55
stand.fm ライブ

④ 9:00
仕事スタート

15:00
次男を途中まで
迎えに

⑤ 15:30
宿題を見ながら
夕ご飯準備

⑥ 16:30
長男が帰ったら公園へ
（お風呂のタイマーを
セット）

⑦ 18:00
帰宅したら
お風呂へ直行
洗濯スタート

18:30
夕ご飯のしあげ＆夕食

⑧ 19:30
宿題の丸つけ
キッチンリセット※

⑨ 20:30
洗濯干し＆子どもたちの
しあげ歯磨き

21:30
子ども就寝

22:30
母就寝

※キッチンの汚れをその日中にキレイにすること。

1
朝起きたら白湯を沸かし、顔を洗ってパックをつけ、フローリングワイパーで床掃除。時間に余裕のあるときはさらにスチーマーで美容タイム。白湯を飲みながら手帳を開いて、スケジュールを確認。

2
登校の時間までに食器洗いと身支度を終わらせ、子どもたちと一緒に通学路の途中まで散歩。毎朝会うボランティアのおじいちゃんに挨拶をするのが日課。朝の散歩は最高のリフレッシュタイム！

3
帰宅後は音声配信アプリstand.fmでライブをスタート。平日は（外出の仕事がない日は）ほぼ毎日１時間の配信を行い、フォロワーのみなさんとのコミュニケーションを楽しむ時間に。

4
動画の撮影、コラムの執筆など在宅での仕事の他に、セミナーや打ち合わせで外出する場合も。在宅の日は、仕事の合間に大物の洗濯をしたり料理のしこみなどをすることも多い。

5
次男が宿題をしている間は、夕ご飯のしこみの時間。忙しいときは、宿題を見ながら仕事をすることも。さらに、洗濯物をとりこみ、お風呂のタイマーをセット……長男の帰宅までが勝負！

6
長男が家に帰ってきたら公園へ。帰宅後、すぐにお風呂に入れるように準備だけして出発。公園の時間はママ友と話してリフレッシュ！　ママ友が誰もいないときは公園で動画編集をすることも（笑）。

7
帰宅したらそのままお風呂へ直行！　家族全員のお風呂が終わったら、体をふいたタオルで軽く浴室をふきあげ、洗濯をスタート！　子どもが残りの宿題をしている間に夕ご飯をしあげる。

8
夕ご飯が終わり、子どもの宿題の丸つけが終わったらみんなでリビングを片づけ。ランドセルは自分たちの部屋へ。リビングが整ったら寝るまで自由時間！　母はキッチンリセットへ。

9
キッチンリセットが終わると、洗濯物を干す。洗面所で一気に干して、梅雨時期は洗面所に除湿機をつけ、冬はリビングで室内干し。洗濯が終わると子どもたちのしあげ歯磨きをして終わり！

Chapter 01
小さな時短を積みかさねて5倍速

時間がない！ というのは本当？
まとまった時間がとれなくても
小さな時短を積みかさねることで自由な時間が生まれます。
みなさんの暮らしのなかにも、
時短につながる小さな時間がまだ隠れているかもしれません。

1

朝イチ行動で1日が変わる

病院、映画館、複合施設やスーパーなど……子どもの成長とともに変化するおでかけの場所。一番のハードルは子どもたちと待つ時間。大人ひとりと、子どもと一緒に待つのでは大変さも全然違います。雨の日の複合施設は混んでいるし、病院の順番をとるのもひと苦労です。子どもとのおでかけ中「静かにして」と連呼せず、できれば穏やかな母でいたい（みなさんもそう思っているはず）。だからこそ、**「朝イチ行動」が基本**なのです。

例えば、子どもの病院を受診するときは朝の受付開始1時間前から並んでいたりします。朝イチだとすぐに受診でき、その後の**時間の見通しが立てやすいので、ダメージも軽減**されます。

複合施設に行くときも朝イチが基本。これは実践されている人も多いかもしれません。朝イチで

ワンポイントアドバイス

朝イチ行動で時間を生みだすことができ、心のゆとりも生まれる！

用事が済むと、11時過ぎにはフードコートでご飯を食べます。早めに行動することで、12時過ぎの席とりゲームに参戦することもなくなります。**人ごみが少ないだけで、心は穏やかになるんだから不思議です。**

朝イチ行動は、貴重な休日の午後さえも有意義にします。朝が遅ければ昼ご飯も遅くなり、あっという間に1日が終わってしまう……そんな経験、ありませんか。朝イチ行動をすれば、午後に子どもがゲームをしていても、なぜか気持ちも楽に。

朝イチ行動の快適さを経験すると、きっとやめられなくなるはず。病院やお店によっては早く行ってもNGの場合があるので、無理のない範囲で試してみてください。

2 ゼロ歩収納
食器の片づけは

時間がないなかで家事をこなしていくために欠かせないのが「片づけの力」。特に、キッチンでの家事は食事のたびに使うからこそ、**自分に合ったしくみができてしまえばこっちのもの**。変化をすぐに実感することができます。

例えば、食器の片づけ。みなさんは毎日使う食器をどこに収納していますか。片づけのたびに、キッチンをウロウロしていませんか。

我が家の食器は食洗機から最短距離の場所に収納しています。平皿やお茶碗など**使用頻度の高いモノこそ、ゼロ歩で収納**できる位置に。ゼロが難しければ最短距離を意識するだけでも、片づけのハードルは、グンと下がります。

さらに、距離以外でも収納のこだわりポイントが。それは、**「無駄にしきらない」**こと。私は汚

ワンポイントアドバイス

距離やしきりを減らすだけで時短効果が得られる！

部屋出身ではありませんが、片づけは苦手。少しでも面倒だと片づけなくなってしまいます。

だからこそ、収納は**しきりすぎず置くだけ収納**に。細かいしきりの中に片づけるだけでも面倒くさい！　につながってしまうので、引きだしの中はざっくり収納にしています。引きだしにさえしまえれば、どこに片づけてもオッケー。子どもたちにもわかりやすいメリットもあります。

「食器を片づける」というたったひとつの家事でも、収納を工夫することで時短にもつながり自分時間を生みだすことができます。ゼロ歩収納にすることで、食器の片づけのあとまわしが減り、面倒くさいと思う前に体が動くようになるのですから不思議です。

3

家族のやりっぱなしは
レベルアップチャンス

片づけてもすぐに散らかってしまう。何度いっても片づけてくれない……そんな悩みを抱えている人も多いはず。もちろん、我が家もすべてのモノを家族が定位置に戻すわけではありません。

でも、そこであきらめるのはもったいない。だって、**「やりっぱなしは我が家のしくみを見直すチャンス」**なのですから。

よく散らかるモノの定位置はどこなのか。扉を開けなければもとに戻せなかったり、別の部屋に収納があったり……実は、やりっぱなしの原因は収納場所にある場合が多いのです。

我が家には、子どものやりっぱなしから生まれた収納があります。それは、脱いだあとのパジャマたち。リビングで脱いだ服を見ては、「洗濯機に持っていってよ」と数えきれないほどいいまし

やりっぱなしにしがちな場所に収納をつくる!

脱いだ洗濯物を入れているバスケット。ジュート素材でつくられていてやわらかいのに丈夫。インテリアに馴染むカラーも魅力。

た。そんなときにいわれたのが、「洗濯機遠いやん」のひとこと。

確かに洗濯機までは遠く、**大人であればなんてことのない距離も、子どもたちにとってはその距離が片づけのハードルにつながっていた**のです。

そこで、パジャマを脱ぐ場所にカゴを置きました。カゴを置くと、床に脱ぎ散らかすことが激減。視覚的にもごちゃつかず、私のイライラも減りました。他にも、玄関で脱ぎ捨てがちなアウターを簡単に引っかけられるしくみを作りました。

毎日暮らしていると、自分の家の収納は景色になってしまいがち。「また、やりっぱなしにして」と怒るのではなく、しくみを見直すだけで、小さなモヤモヤが解決すると思います。

4

時間を奪われている

ヒマはない！

無駄なモノに

生きている限り、増えてしまうモノ。みなさんの部屋を見わたすとどれくらいのモノが目にとまるでしょうか。簡単にモノが手に入ってしまうからこそ、気づいたときにはモノであふれ、自分の部屋が暮らしづらくなっているかもしれません。

モノの数だけ家事は増えます。 掃除をするたびにモノを避けなければいけないし、モノが多ければほこりがたまる場所も増えていきます。たくさんのモノを片づけるためには収納が必要で、収納するために収納アイテムが必要……こんな負のループに陥ると、どんどんモノが増え、気がついたら貴重な時間さえも奪われてしまうのです。

片づけが得意な人や大切なモノが明確な人の場合は、モノがたくさんあっても問題ないと思います。例えば、料理家の栗原はるみさんのキッチン

は私の「大好き」がいっぱいで、いつ見ても心がときめきます。大切なのは、今の暮らしに必要なモノが何なのかを見きわめること。必要なモノも、その数もひとりひとり違います。

　モノを探す時間、必要なモノが見つからずわざわざ買いにいく時間……**不要なモノのせいで貴重な時間を無駄にするほど、わたしたちはヒマじゃない。**少なくとも、この本を手にとってくださっている人は、少しでも時間を有効に使いたいと思っているはずです。

　もちろん、思い入れがあって**そのモノが心を満たしてくれるのであれば手放さなくても大丈夫。**

　モノと向きあう時間をとることで、無駄な時間を圧倒的に少なくすることができるのです。

ワンポイントアドバイス

今の暮らしに必要なモノを厳選すると楽になる！

5

「面倒くさい」は動線上収納で減らせる

時間を生みだすために、できることなら効率的にこなしたい、家事や子育て。そんな家事や子育てに欠かせないのがモノの存在です。

例えば、おむつ替えで必要なのは、新しいおむつ、おしりふき、ごみ袋……それらがバラバラに収納されていると、たったひとつのタスクが何倍にもふくれあがってしまいます。ただでさえ、子どもに「ママ——！」と呼ばれたり、下の子どものおむつ替えのときに上の子どもがお味噌汁をこぼしたり……。「自分の分身がいたら家事も楽なのに！」と何度思ったことか。

そんなときにおむつを替える場所には必要なモノがすべてそろっていて、よく食べこぼすダイニングの近くにウエットティッシュが最短距離に収納されていたら、一気に動きが楽になりますよね。

ワンポイントアドバイス

上：テレビ裏にフックをとりつけてモップを浮かせて収納。ルーター類は壁につけられる家具で浮かせて、掃除を楽に。下：虫とり網の収納にお風呂場などで使うマグネット式のディスペンサーホルダーを使用。虫とり網は迷彩柄のモノにして、だしっぱなしでもおしゃれに。

毎日の行動を観察してみると収納場所が見えてくる！

我が家では、朝、洗面所で顔を洗ってパックをつけ、リビングへ移動するときに必ず通るろうかに、フローリングワイパーを収納しています。別の部屋に収納していたら、掃除をあとまわしにしてしまうからです。

また、テレビ台のお掃除アイテムもテレビ裏に収納しています。テレビをつけたついでにモップを手にとり、**何も考えずに掃除がはじまる**のです。

夏の公園で必須の虫とり網も、玄関ドアにフックをとりつけて収納しました。これで**部屋に入る前に片づけが完了**します。毎日必ず行うことは、無意識にその場所に体が向いています。日々の動線を思いつつ収納を考えることで、**「面倒くさい」のハードルを下げる**ことができるのです。

6 マルチタスクの ゴールデンタイム

"美容時間は"

家事に仕事に子育てに……忙しい日々だけど、

あきらめたくないのが「美容」。とはいえ、子育て真っ最中、エステや美容皮膚科に通うほど時間もお金もないし、**美容にかける時間の優先順位は低いのが現実です。**

だからこそ、美容時間は「ながら」が基本。朝、洗顔が終わるとパックをつけてフローリングワイパーで床掃除。余裕があるときは美容スチーマーを当てますが、その時間は手帳を眺めて思考を整理します。スチーマーの音が心地よいのか、よく考えがまとまるのはリラックスしているスチーマー時間や入浴のときがほとんど。たった10分ほどの時間ですが、頭のなかもスッキリするので、忙しくてもこの時間をつくるようにしています。

お風呂時間は、貴重な美容タイムであり家事の

パックはお風呂場に収納することで、忘れずに継続できる!

時間でもあります。**トリートメントを髪につけたら、手にとるのはお掃除ブラシ。**数分だけ床の汚れを落とします。さらに、洗顔後にパックをつけ湯船へ。湯船ではストレッチとリンパマッサージ。全然リラックスしていないお風呂時間のようですが、このときにアイデアが生まれることも多く、私なりにリラックスしているのだと思います。

湯船からあがると窓を開けて換気し、湯船の掃除も済ませてしまいます(スッポンポンのまま……笑)。パジャマを着たら、頭に巻いていたタオルで浴室の水滴とり。完璧にふきあげなくても大丈夫です。**必ずやりたい美容のことと、苦手な家事をドッキングすることでルーティン化が体に染みついて一石二鳥**なのです。

7

日用品は定番化すれば迷わない

キッチンやお風呂、トイレなどで必要な日用品は暮らしに欠かせないアイテム。ドラッグストアにいくとたくさんの種類のアイテムが並んでいます。同じような洗剤も用途別になっていたり、香りの種類も豊富。大容量の洗剤もありますよね。

日用品は家族構成や暮らしによって消費するスピードも違えば、必要な量も違います。ただ「お得だから」と購入してしまうと、1年以上かけて大容量の洗剤を消費することにもなりかねません。貴重な収納スペースに保管するということは、その場所に家賃を払って置くのと同じ……それって本当にお得なのでしょうか。

日用品を購入するときは、**消費量を把握することが一番大切**。さらに、定番を決めてしまえば、買い物で迷うこともなくなり無駄買いも減ります。

我が家には、10年以上愛用している洗濯洗剤もありますが、こういうモノに関してはなくなると困るので、大容量のものをストックしています。

おしゃれ着洗いやたまに使う柔軟剤は、パッケージもシンプル、だしっぱなしにしていてもおしゃれで無香料のモノをセレクト。これらの洗剤は1日くらい足りなくても困らないので「なくなったら買う」ことにしています。

キッチン周りの日用品も定番のアイテムばかり。定番が決まればモノで溢れることもなく、在庫管理も簡単です。あれがないと探すこともないし、在庫があるのに、くりかえし買わなくなります。**日用品の定番化は時短はもちろん、無駄買いが減るので金銭的にもプラス**になるはず。

小さな時短を積みかさねて5倍速

我が家のトイレの定番アイテムは、「5倍巻き」のトイレットペーパー。名もなき家事のひとつといわれているトイレットペーパーの交換。あと少しのところで残されていたときの悔しさは誰もが経験しているのではないでしょうか（それって私だけ？）。

5倍巻きのトイレットペーパーに変えてからは、子どもたちから「トイレットペーパーがなくなったー！」コールをされることも激減したし、収納スペースも格段に小さくなりました。

さらに管理も楽になったので、在庫が残り2つになったら買いたす、という目安も明確に。やわらかいトイレットペーパーが好きな人には物足りないかもしれませんが、**小さな家事を減らすことができたアイテム**です。

掃除アイテムも必要最小限で大丈夫。お風呂用の洗剤もお風呂でしか使えないわけではないと私は考えます（成分を見たらキッチン用とほぼ変わらなかったりする商品も）。

といっても私もいつもと違うモノにチャレンジすることもあります。そんなときは、小さなモノから試すこと。安いからといって大容量のモノで試してしまうと失敗したときに悲惨ですもんね。最近では小分けのシャンプーもあるし、まずは消費できる量から試すようにしています。消耗品とはいえ、日用品は毎日使うモノ。だからこそ、**自分の暮らしに合ったアイテムと量を把握して買う**ことで、無駄な時間は減らしていけると思っています。

ワンポイントアドバイス

定番化した日用品を消費量に合わせてストック！

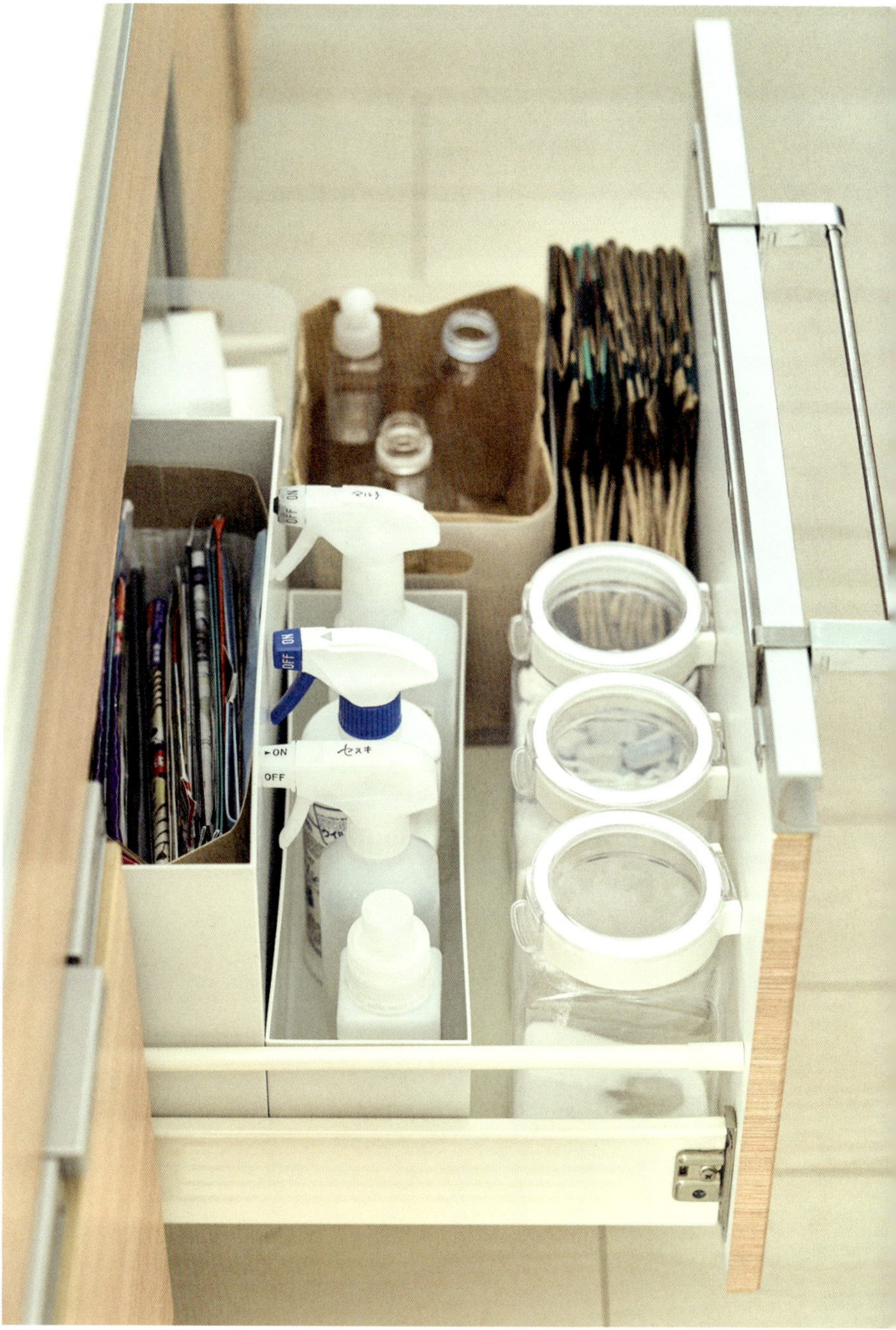

Chapter 01 小さな時短を積みかさねて5倍速

8
暮らしに合った
収納でなければ
時短につながらない

SNS上にはたくさんの収納アイデアがあります。私もいろいろな人のアイデアをとりいれ、小さなモヤモヤから解放されることはよくあります。

しかし、便利な情報やアイテムを知っていても、片づけがうまくいかない人がいます。

「リバウンドした」とか**「買ったのに全然使わなかった」**という経験はありませんか。人気の収納アイテムをとりいれたのに、うまくいかないのはなぜでしょうか。

片づけが得意であれば、真っ白な収納ケースをビシッと並べて、中が見えない収納の管理もできてスッキリをキープできるでしょう。でもそんな収納を片づけが苦手な人が真似をしたら？

私も恥ずかしながら整理収納アドバイザーになる前は、「白いボックスを買えばスッキリ見える」

と思っていたひとりです。白いボックスならまだしも、深い収納を選んで、中身が迷子になることも日常茶飯事。何度も挫折してきました。

　暮らしがそれぞれ違うように、モノの使いかたも、片づけの得意不得意もそれぞれです。片づけが苦手であれば、外から見えない棚の中に白いボックスを使う必要はないし、深い収納は選ばないほうがいい。**どこに何があるかひと目でわかるほうが管理もしやすい**ですよね。

　収納を提案する人は**片づけで大切な「整理（いるモノといらないモノを区別すること）」**ができています。まずは、持っているモノを厳選、把握して、それから自分に合った収納アイテムをとりいれることで、時短につなげていってほしいです。

ワンポイントアドバイス

あなたが使いやすい収納への第一歩は整理から！

column

子どもの作品との向きあいかた

子どもの作品は画用紙に描いた絵だけではありません。立体のモノなど収納に困ってしまうモノも多いですよね。実際に、作品収納の質問も多く、それだけ多くの人が収納場所に困っているのでしょう。

我が家では作品を持って帰ると、息子に作品を持ってもらい写真を撮ります。持って帰ってきてすぐの作品は、状態も一番キレイだし、どれくらいの年齢でつくったのか写真を見ればわかります。そして、立体の作品はすぐにリビングや子ども部屋などに飾ります。

ここでのポイントは、「すぐに片づけない」こと。すぐに収納するよりも、家族の目にとまるところに飾るほうが子どもたちも嬉しいはず。一定期間飾ったら、子どもにいるかいらないかを聞きます。作品は子どものモノ。子どもがいらないといったら手放しています（親がどうしてもとっておきたいモノは、保管してオッケー）。子どもたちが満

子どもの作品は専用の作品ファイルを用意して収納。幼稚園と小学校でひとつずつ、合計４つを使用しています。分厚いモノも入れることができ、画用紙をファイリングできるしきりつきのタイプのモノで、絵画も折りまげず収納できます。

足するまで飾ると、すぐに片づけたときよりも手放しもスムーズです。

長男が小学1年生のとき、クラスで一番大きなリースを朝顔のツルでつくって帰ってきたことがありました。正直、どこに収納しよう……と迷いましたが、息子が満足するまでリビングにリースを飾ることに。1年ほど経って、もう一度息子に聞くと、「もういらない」と手放しました。満足するまで飾ると、すんなり手放せることも多いです。とはいえ、リビングが作品だらけになるのは困るので、作品を持って帰ってきたら前に飾っていたモノは整理する。どうしても保管したいモノは作品ボックスへ……というステップで進めていくのがおすすめです。

子どもの整理習慣には、小さなときからのトレーニングが大切。簡単なモノからトレーニングをしておくと、作品などの整理もスムーズにできるようになってきます。息子たちは小さなときから整理習慣を身につけられたので、本当に必要なモノも明確になりました。

Chapter 02

行動を先読みして5倍速

5倍速家事で欠かせない「先読み」の習慣。
苦手なことや面倒に思ってしまうことなど、
ついついあとまわしにしがちなタスクにこそ、
先手を打って対策することで未来の自分が楽に。
限られた時間での過ごしかたが
格段に変わっていきます。

1
宿題の可視化で夏休みを楽にする

子どもはたくさんの宿題、親は3食の食事づくり……と、やることが多い夏休み。とはいえ、子どもたちとゆっくり過ごせる時間を楽しみたいし、できる限り心穏やかに過ごしたい。

家族全員が幸せに過ごすためには、夏休みは大変！　と考えるのではなく、まずは、**「やらなければならないこと」と「やりたいこと」を明確にして、共有する**ことが大切。そこで我が家がとりいれているのが**「宿題の可視化」と「行きたいところリスト」の作成**です。これは夏休み初日の恒例行事になっていて、SNSでの投稿にもたくさんの反響をいただきました。

「宿題の可視化」は、1枚の紙に夏休みの宿題をすべて書きだすだけ。ポイントは書きだしかたにあります。例えば、夏休みの冊子があって、算

数が10ページあった場合、①②③……⑩まで全ページの数字を書きだします。そして、宿題の1ページが終われば①を塗りつぶしていくしくみ。

逆に、自由研究や絵日記は1日で終わらない可能性があるため、タスクを細分化。自由研究であれば、「テーマを決める」「調べる」「まとめる」などのように書きだします。少しでも進めることができれば、塗りつぶせるし、子どもたちも**進行具合がわかるとハードルも下がり、とりくむ姿勢が変わります**。「宿題終わったの？」と聞くことも減り、お互いにノンストレス。

「行きたいところリスト」は、家族会議をして意見をだしあいます。そのなかで、絶対に行きたいところや、やりたいことから優先順位を決めていくのです（今年は、海やプール、お祭りなどが上位でした）。

「宿題の可視化」は、リビングなどの毎日目にする場所に貼るのがポイント。我が家はリビングに戻るときに通る場所に貼りだしていました。

「行きたいところリスト」を共有すると、子どもたちに「本当は〇〇に行きたかった」とあとになっていわれることも少なくなり、こちらも予定が立てやすくなります。また、予定が空いたときにもでかける場所を決めやすくなります。行きたい場所に行くと、夏休みの宿題の絵日記もスムーズに。大きな宿題が早めに終わるだけで、私も子どもも精神的に楽になります。

子どもたちが小さいときは、**独自のサマータイムを導入**していました。朝7時を過ぎると公園は暑すぎて遊べない。かといって、そのまま外遊びをしないとお昼寝もせずに家の中で大暴れ……家が壊れるんじゃないかと思うほどでした。

その負のループに耐えきれず、**朝5時台に家を出て公園遊び**をすることに。朝が早ければ20時には子どもたちは就寝するし、1日がとんでもなく長く感じたけれど、早朝に外遊びをしているだけで、昼からテレビを観ていたとしてもこちらの気持ちも楽でした。

長期の連休は大変、と思うだけでなく、何が大変なのかを先読みして対策をすれば、大変と思う時間も減っていくと思います。年に1度の夏休み、せっかくなら家族で楽しみたいですよね。

ワンポイントアドバイス

可視化した宿題は子どもたちの目につくところに貼りだす！

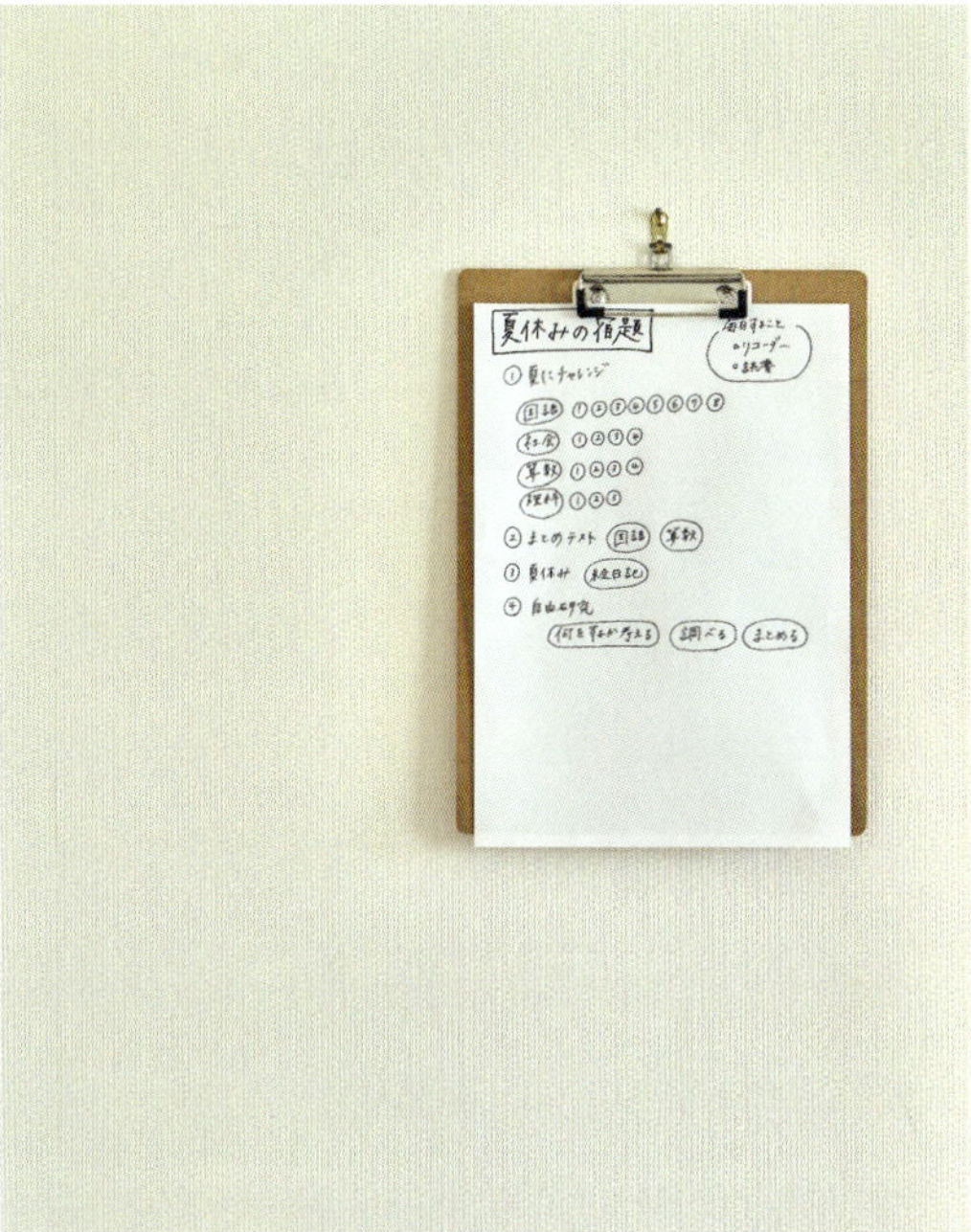

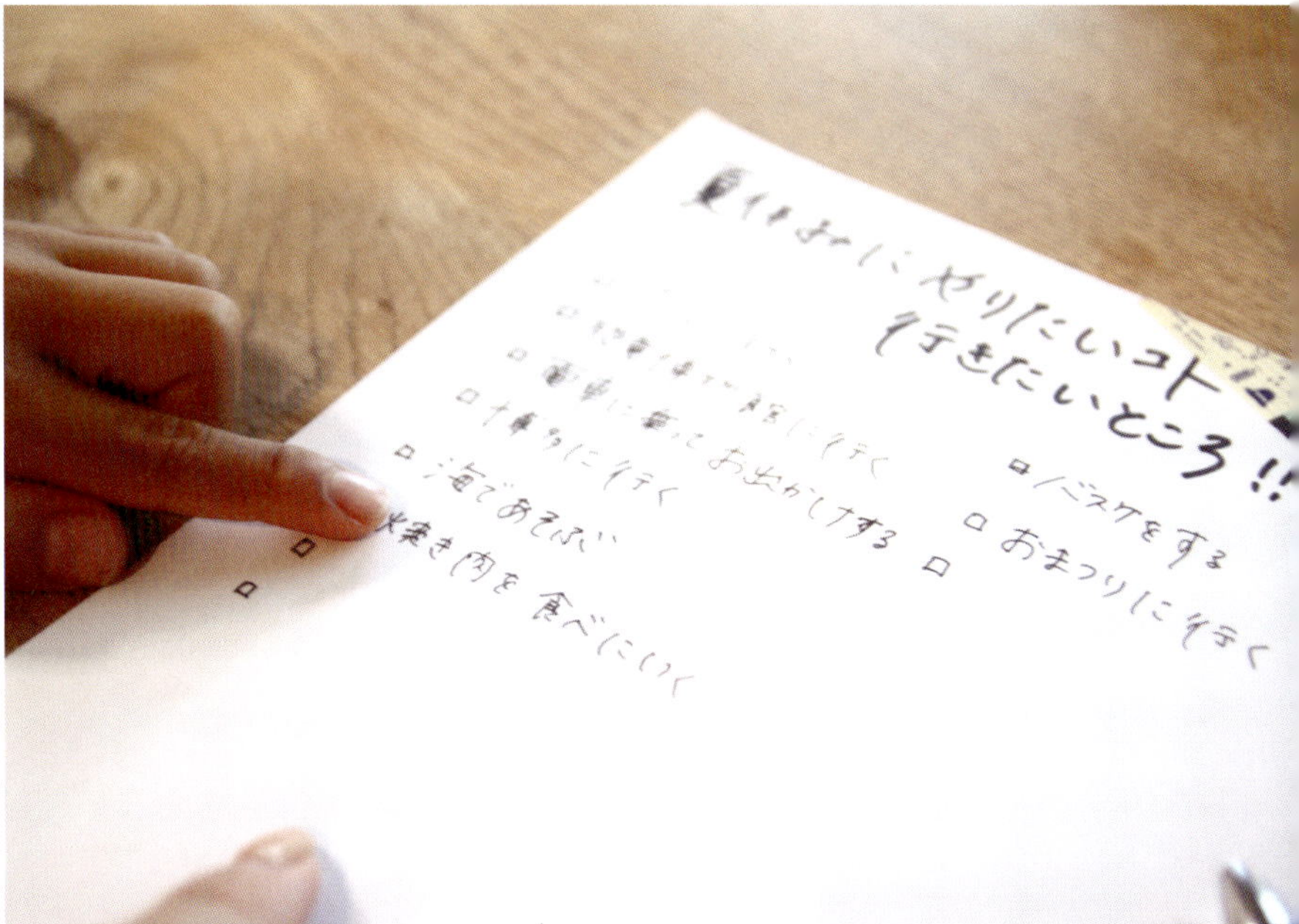

2

忙しい夕方を制する家事の組みたて

子育てをしていると逃れられない、夕方に訪れる嵐のような忙しさ。夕ご飯の支度、洗濯物をたたんでいるうちに子どもが帰宅。さらに下の子どもが泣きだして両手がふさがり、たたんだ洗濯物が崩壊……。夕方をうまく乗りきるために考えたのが、**「お風呂を先に終わらせること」**でした。

実は、このお風呂先行のルーティンは、産後の15時の沐浴がきっかけ。お風呂が済んでいるだけで、夕方の家事がスムーズになり、気持ち的にも楽なことに気づいたのです。子どもたちが小学生になってもそのスタイルは変わっていません。公園に行く前にお風呂のタイマーをオン。公園から帰るとお風呂の準備ができています。

お風呂が終わったら、すぐに洗濯をスタート。夕ご飯の準備をしている間に洗濯が完了します。

ワンポイントアドバイス

一番大変と感じる家事を優先し、そこから組みたてる！

夕ご飯が終わると各自が明日の準備。子どもたちは**帰宅後はリビングにランドセルの中身を広げていますが、寝る前にはリセット、片づけするルール**にしています。あとは、キッチンリセットしつつ、洗濯物を5倍速でたためば、家事はおしまい。たいてい、**子どもたちにイライラするのは、私のタスクがたまっているとき**がほとんど。頭のなかのやらなければならないことを先に終わらせるだけで、精神的なゆとりが生まれるのです。

大変と感じる家事も人によって違うと思います。頭に残りがちなタスクを選び、例えば「洗濯をしているときに、子どものしあげ歯磨きをする」……など、**日々の家事をパズルのように組みあわせてみる**だけでも楽になると思います。

3

”座ると動けなくなる自分の性格を先読み“

ソファーでひと休み……私はそれができません。座るとダラダラしてしまい、昼寝なんて一度寝たら2時間くらい寝ることに。だからこそ、**家事をするときはできるだけ座らない**ようにしています。

特に洗濯物をとりこんでたたむときは、座らなくても済むやりかたに変えました。以前は、洗濯物をまとめてとりこんだら、一度座ってしわけしてたたみ、収納場所ごとに洗濯物を持っていき片づけていました。でも一度座ったら動きたくなくなるので、収納場所別に洗濯物をとりこむように。

例えば、子ども服は、とりこんだら手に持ったまま子ども服の収納スペースへ。その収納スペースの前で立ってたたんで片づけます。収納スペースごとに洗濯物をとりこめば、しわけも、たたんだあとに重い腰をあげて立ちあがり片づけること

上：料理中や家計簿タイムには、YouTubeを視聴。面倒に思ってしまいがちな家事も、楽しみな時間に。下：洗濯物の片づけが少しでも楽になるように引きだしの中は８割収納に。服の収納はlike-it（ライクイット）のクローゼットシステムを使用。

も不要に。座ったら動けないことがきっかけで、洗濯物のとりこみの効率化に成功しました。

ＹｏｕＴｕｂｅなどを観る時間も家事をしながらがほとんど。料理中や家計簿タイムのお楽しみです。ただし、休みと決めているときは別。子どもたちとゲームもするしＹｏｕＴｕｂｅも観ます。

自分の性格を先読みして、**１日の終わりに納得のいく時間の過ごしかたができていれば最高**です。

１日に与えられた時間はみんな一緒。**やるべきことことやりたいことを行うためには、優先順位を決めることが大切**です。洗濯物のとりこみにしても、ＹｏｕＴｕｂｅの視聴にしても、優先順位を明確にして、**ダラダラやらないようにすることがポイント**なのかもしれません。

ワンポイントアドバイス

片づけやすい収納を作っておけば、洗濯物をたたんだあとも楽！

4

"「あれどこ？」といわせないしくみをつくる"

「爪切りとって」「ハサミはどこ？」どこの家庭でもよく聞くセリフです。**家族がよく使うモノは、モノの住所を共有してだしいれしやすい収納に**すれば、家事の手を止めることもなくなります。

我が家ではリビングから一番アクセスしやすい場所に、爪切り、ばんそうこうなどの家族共用のモノを収納しています。木製の引きだしを使って、**1引きだし1アイテム**で、わかりやすい収納に。**単身赴任中の夫よりも子どもたちのほうがモノの位置を把握できているかも**しれません。

共有のモノの収納を決めるときには、家族で一緒に考えるのもおすすめ。勝手に考えて収納場所を伝えるよりも記憶に残りやすいからです。我が家に遊びにくる姪もすっかり覚え、ウエットティッシュをだせるし、「お腹すいたなぁ」とお菓子ボッ

上：1引きだし1アイテムで使用している木製の小物収納は、縦でも横でもスペースに合わせて使えるアイテム。下：人別のお菓子収納はファイルボックスを使用。中身は定期的に見直しを。

クスの前に座ったりします（笑）。
先読みしたしくみづくりで、楽になったことがもうひとつ。それはお菓子のもめごとです。「とっておいたのにない！」とか……こんなことで怒らないでと思うことばかり。そして、このもめごとは、たいてい忙しい夕方の時間に起こります。
そこで、ひとつのボックスにまとめていたお菓子を、「長男」「次男」「共有スペース」の3つに分け、**「お菓子の人別収納」をつくる**ことに。たったそれだけで、驚くほどもめごとが激減！　今までの時間はなんだったの？　と思うほどです。
「あれどこ？」といわせないしくみづくりで時間と心のゆとりが生まれ、日々の小さなイライラも減りました。

ワンポイントアドバイス

お菓子の置き場所は子どもの目線よりも低い位置に！

5 「片づけ10分習慣」で子どもを飽きさせない

片づけの方法を知ると「もっと早く知りたかった！」という人がほとんど。もちろん、私もそのひとりでした。だからこそ子どもたちに対しては、小さなときから片づけのことを伝えたいと思っています。

といっても、子どもが何時間も片づけをするのは不可能。少なくとも我が子は10分が限界です。だったら「その10分を毎週やればいい！」と、考えたのが **「片づけ10分習慣」** でした。

週末には、子どものデスクの片づけの後に10分間の整理（いるいらないで分ける）の時間をつくっています。引きだしひとつ、洋服、ぬいぐるみなど……小さなエリアを一緒に整理するだけ。10分だけなら断然やる気になってくれます。

整理は、子どもたちが幼稚園のころから続けて

いるので、いるいらないの判断が早いです。適当に判断しているわけではなく、**大切なモノが明確**なのです。ただしここで絶対にやってはいけないのが、いらないと判断したモノを「本当にいらないの？」といってしまうこと。せっかく判断したのだから、その判断は尊重してあげましょう。**10分片づけが終わったらたくさんほめることも忘れずに。**

片づけは「整理」が8割といっていいほど、大切なステップ。この習慣のおかげで無駄なおもちゃを買うことも、おもちゃが溢れてイライラする私の時間も減りました。

たった10分の積みかさねで片づけの方法を伝えられて、**子どもが成長したときの暮らしを変えてくれる**……そう思うとやらない理由はないですよね。

ワンポイントアドバイス

おりがみなどの整理しやすいものからスタートする！

6

毎日の公園通いは
自分への投資

朝の登校のつきそいと夕方の公園は、用事がない限り毎日続けています。朝は、散歩ついでに見守りを。歩くことでスイッチが入り、その後の仕事もスムーズです。子どもたちからの元気な挨拶でパワーをもらえます。

夕方に長男が帰宅したら公園へ。小学生なんだから行かなくても……と思うかもしれませんが、まだ次男は一緒にきてほしいというので行っています。**夕方の公園遊びは長男が幼稚園のときから続けている習慣**。息子たちは外遊びが好きだし、私も気分転換になってとてもいい時間です。

日本は安全というけれど、**子どもたちだけの登下校や公園遊びはやっぱり心配**。遅くまで仕事をしているお母さん、お父さんのいる家庭も少なくないと思います。なので見守る大人がいるだけで夜の自分時間は行動の先読みで生みだすことができる!

も、きっと安心ですよね。

私にとって公園通いは、今ではリフレッシュになっていますが、もともとは**夜の自分時間のため**でした。体力おばけだった次男は15分のお昼寝で超回復して、夜なかなか寝ませんでした。そのたびにイライラして、「早く寝て!」と強めの声かけをしてしまうこともありました。それが**夕方にしっかり遊ぶと、子どもたちも早く寝てくれて、夜の時間が平和に**なったのです。

長男の同級生とも顔見知りになれたし、彼らが困ったときには「おばちゃーん!」と声をかけてくれます。きっかけは夜の自分時間のためでしたが、今後も「こないで」といわれるまでは、公園でのひとときを楽しませてもらうつもりです。

7

1日のやりたいことは
どんな小さなことでも
とにかく書きだす

「今日は何もできなかった」と1日が終わるこ
とはありませんか。でもその1日をふりかえると、
誰もがたくさんのタスクをこなしているはず。例
えば、食材の買いだし、病院の予約……など、仕
事以外でも小さなタスクはたくさんあります。

その小さなタスクは、気づかないうちに積みあ
がり、「なぜかわからないけれど忙しい」という
気持ちにさせる、やっかいなものです。やってし
まえばすぐなのに、**気づかないうちに増殖する小**
さなタスクは、増える前に書きだしてみましょう。

私の場合は、手帳に1日のタスクを書きだして
います。その内容には、仕事や病院、習いごとは
もちろん、「返信封筒をだす」「子どもの靴を洗う」
など、書くほどでもないことも含みます。日中、
タスクを思いだしたときは、その瞬間に追加で書

ワンポイントアドバイス

どんなに小さなタスクも書きだすことで頭のなかの整理になる！

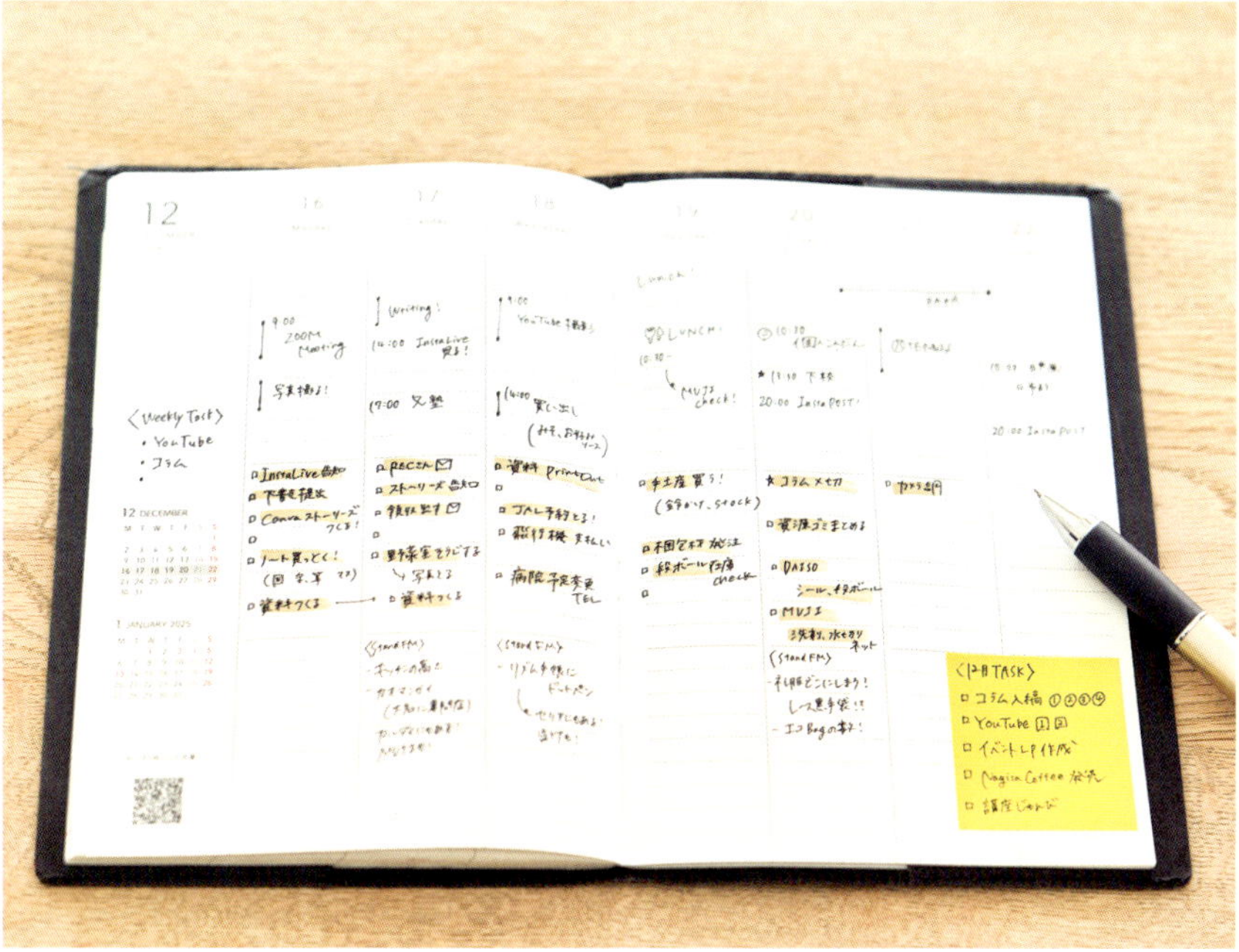

きだすのがオススメ。他のことをはじめるとせっかく思いだしたタスクを忘れてしまうからです。

タスクが終わるとカラーペンで塗りつぶします。1日の終わりにノートを見ると、決して「何もできずに終わった」なんて思わないはず。できなかったことは次の日にやれば大丈夫です。手帳がなくても紙とペンがあればできるので、ぜひやってみてください。**大切なのは完了したタスクの量ではなく、無意識にたまっていく小さなタスクを頭のなかからだすこと。**急用でないことはついあとまわしにしがちだからこそ、先読みして書きだすことで、隙間時間に済ませることができます。なんとなく終わる1日よりも、**できたことが視覚的にわかるほうが達成感にもつながります**よね。

8 トラブルへの備えで不安な時間を減らす

"災害や急な発熱……"

頭のなかに不安なことが残っているとどうしても気になってしまいます。でも、どうせなら不安よりもワクワクする未来のために頭を使いたい。

避けられない不安はしかたないけれど、**備えておくことで減らせる不安もある**と思っています。

例えば**災害への備え**。日本のどこに住んでいても地震が起こる可能性はあるし、私の住んでいる福岡は年に何度も台風がきます。漠然と不安に思うくらいなら、備えをしておけばその不安は減らすことができます。**防災は経験してわかることも多く、完璧は難しい**。でも、備えておけばあわてて水や食べ物を買いにいく必要もないし、突然の地震でも全く備えていない家に比べると不安も少ないはずです。

また**子育て中の不安を減らしてくれる備えとし**

ワンポイントアドバイス

発熱セット、嘔吐セットは収納の方法も工夫しよう！

上：備蓄用の水は大きめの収納ボックスに収納することに。2リットルのペットボトルでも数多く収納でき、管理しやすい。下：発熱セットのゼリーは、ボックスの内側にマスキングテープで期限を書いておけば、消費期限の管理が楽に。

て、**私は発熱セットや嘔吐セット**を準備しています。発熱セットは、子どもの発熱時に必要なゼリーなどをストックしているモノ。何度、このセットに助けられたことか……。嘔吐セットはその名のごとく、突然の嘔吐に備えたセット。吐いた物を処理するためのビニール袋や手袋、マスクなどがまとまっているもので、子どもが嘔吐したら、このセットをとりに走ります。子どもの成長とともに使う頻度は減りましたが、これがあるだけで不安が軽減されました。

頭のなかに残る不安は、少しの備えで減らすことができます。**不安に思う時間があったら、その不安を軽減できる方法をとりいれてみて**ください。きっと頭のなかもスッキリするはずです。

column

防災リュックとは別に持ちだし用の防災ポーチも準備。おでかけのときはクラシイロの防災ポーチを持参。防災ポーチはすぐに持ってでられるようにだしっぱなしの収納に。

防災に向きあうようになったきっかけ

２０１１年３月の東日本大震災。東京で仕事中に地震が起こりました。はじめて経験した震度５強の地震。デスクの脚にしがみつき、揺れがおさまるのを待っていたときの光景は今でも鮮明に覚えています。

帰宅困難者になり、オフィスではいていたスニーカーで２時間ほど歩いて帰宅。スーパーやコンビニの棚はすっからかんで、いつもと違う街の様子は異常だったし、衝撃的でした。それから防災への意識が少しずつ変わり、最小限の備えからスタート。

さらに子育てがはじまると、備えるモノも変わってきました。粉ミルクや水に加えてカセットコンロなどの備蓄をはじめ、使い捨ての哺乳瓶も購入し、試しに飲ませてみたこともあります。当時、日本では液体ミルクが販売されておらず、東原《ひがしはら》亜希《あき》さんの署名活動に参加したこともありました。今は、液体ミルクも豊富ですよね。

北海道での育児中は慣れない雪国暮らしに加え、身内がひとりもいない環境。災害時に頼れる人がいないからこそ、自分たちでなんとかしなければいけないという思いも強かったのだと思います。

正直、私の周りには防災の備えに真剣にとりくんでいる人が少なく、Instagramの投稿などを参考に防災への知識を増やしました。当時は手探り状態でとりあえずリュックを買って、100円均一のお店で防災用品をそろえてみたり……自分なりに試行錯誤していましたが、「防災しながらすっきり暮らす」をテーマに発信されているmisa《ミサ》さんの投稿をきっかけに防災も素敵に収納できることを知りました。暮らしのなかにうまく防災をとりいれるためのアイデアが豊富で、我が家の防災収納もアップデートされていったのです。

完璧な防災はできなくても、備えておくことで不安を減らせたり、いつもの暮らしを続けていくことにつながると思っています。

Aēsop.
Herbal Body Spray
Spray Herbacé pour le Corps

Chapter 03
苦手なことはプロの力を借りて5倍速

苦手なことを、ひとりで無理にがんばらなくてもいい。
プロの力を借りて暮らしが変わったり、
少しでも楽になるのであれば頼っていいんです。
私が頼りにしている、今の暮らしに欠かせないプロたちは、
「5倍速家事」になくてはならない存在です。

1 料理の呪縛から解き放たれたオンライン料理教室

私は料理が大好きです。母も祖母も料理上手だったし、ひとり暮らしのときも料理本を見ながらいろいろな料理にチャレンジするほどでした。

育児がはじまると、今までのように料理をすることが難しくなっていきます。時間の足りない乳幼児期を過ぎても、子どもの好き嫌いが増えたりとさらなる壁が……気がつけば同じ料理ばかりに。そして、レシピ本をほとんど手放してしまうほど、料理を苦痛に感じてしまっていたのです。

そんなとき、**料理家のvicke《ビッケ》さんのオンライン料理教室**の存在を知りました。興味本位で受けたオンラインレッスンは、数人で1回3時間、自宅でZoomをつないで行われます。受講費用以外、交通費も移動時間もかかりません。

自宅の使いなれたキッチンツールを使って料理

ワンポイントアドバイス

毎日使うせいろは、だしっぱなし収納でキッチンの見た目も◎！

上：せいろは18cmのものを愛用。vickeさんのオンライン料理教室ではせいろを使ったお料理もたくさん。下：vickeさんのオンラインレッスンは手元カメラもあって工程がわかりやすい！

料理家　vicke《ビッケ》
オンライン料理教室「ビッケの台所　料理教室」主宰。ご飯づくりの時間を「面倒なもの」から「喜びの時間」へ。くわしくは下記Instagram
@vicke_daidokoro

ができることも魅力で、すぐ同じレシピを再現できます。レッスン中には、手間いらずな下ごしらえの方法やアレンジレシピなどのポイントも聞けるので、スキルアップにもつながります。

vickeさんも子育て真っ最中。子どもが食べやすくなるひと手間や、洗いものができるだけ少なくなるような手順を教えてくれたり……子育てママならではの気遣いがとにかくすごい。我が家の子どもたちは、「vickeさんのレシピ」というだけで、はじめての料理でも（食べてみようと）チャレンジするほどです。

オンライン料理教室は、新しいレシピを考える手間、**同じ料理ばかり続くことで、無意識に抱いていた罪悪感からも解放してくれた**のです。

2 パーソナルスタイリスト に頼っていい

"「好き」を見うしなったら"

ジャケットを着て、ヒールのある靴で走っていたころには考えられないほど、カジュアルな服装に変わった子育て期。気がつけば、公園で泥だらけになった息子を抱っこしても、大丈夫な服ばかりになっていました。さらに、**仕事復帰したときには、年齢も体型も変わりファッション迷子に。**

自分の「好き」すら忘れたころに、パーソナルスタイリスト・Emily（エミリー）さん（074ページ参照）と出会います。人前に立つ最初のお仕事で白シャツにベージュのパンツ、スニーカーのスタイルだった私に、後日、「スニーカーじゃない靴にしてみたら？　痛かったらはきかえたらいいのよ」とひとこと。その言葉にハッとして、定期的にファッションアドバイスを受けることにしたのです。

印象的だったのが、スキニーパンツを見せたと

「お得だから」と買った服が着ないままになっていませんか？

き。大きなお尻を隠すためには、スキニーにオーバーサイズのトップスが正解！　と思っていた私に、「ワイドパンツにすればスタイルもよく見えるし、背が高いからこそできるスタイルよ！」とアドバイスをしてくれたのです。その言葉は私の思いこみを一瞬で払拭してくれました。

今**持っている服を活かし、最小限の買い足し**で、私のファッションはみるみる変わっていきました。驚いたのは、無駄遣いが減ったこと。目的もなくお店に行くことも減り、**金銭的な無駄遣いだけでなく、無駄な時間もカット**できました。

自分の「好き」を見失っていた私でしたが、Ｅｍｉｌｙさんとの出会いが**大好きなファッションの楽しさを思いださせてくれた**のです。

3
脱出させてくれる
プロのひとこと

インテリア迷子から

整理収納アドバイザーといえば、「無印良品や100円均一などの収納用品を駆使するプロ」という印象でした。しかし、私が出会ったプロの仲間は全然違う印象の人ばかり。整理収納の基本を押さえながら、観葉植物や自然素材の収納アイテムをとりいれ、インテリアを楽しんでいました。

家電も白じゃなくて黒が多かったのも印象的！育児に必死で効率化ばかり考えていた私にとっては目からウロコ。片づけが完了している我が家で、**インテリアも楽しんでいいんだ**と気がつきました。でも、整理収納のプロであっても、インテリアの知識はありません。お気に入りのアイテムはあるのに、飾りかたがわかりませんでした。

インテリアスタイリストの山形奈都子さんは、模様替えのプロです。インテリアショップでの販

上：息子の絵は黒いフレームに入れることで作品が引きたちました。本も表紙に包装紙をつければ立派なディスプレイに。下：平安伸銅工業のDRAW A LINEは、壁に穴を開けずに観葉植物を自由な位置にハンギングできる優れものです。

インテリアスタイリスト
山形《やまがた》奈都子《なつこ》
アドバイス歴12年。オンラインで開く模様替え相談室では、自分らしい部屋づくりを提案。くわしくは下記Instagram
@natsuko_908

売経験はもちろん、家にあるモノの配置を変えるだけでガラリと部屋の印象を変えてくれます。

特に感激したのは、和室でのアドバイス。「カラーをとりいれるために、どんな絵を選んだらいいか」という質問に対する答えは、子どもに絵を描いてもらうことでした。**子どもの絵は唯一無二のアート作品**。インテリアのメインとなる絵を子どもに描いてもらうという発想は私にはなかったのです。奈都子さんのアドバイスで、おしゃれでメリハリのある空間へと劇的に変化しました。

部屋がお気に入りの空間になると、気分もあがり仕事の効率も家族との時間も変化します。解決しない迷路をグルグルと走り続けるくらいなら、**プロに道筋を立ててもらうほうが効率的**です。

インテリアを楽しむベースはやっぱり整理収納！

4

得意な人に
バトンタッチ！

" ハンドメイドは "

キルトのおくるみを手づくりしたり、生地から
そろえて入園グッズをつくるなど、裁縫がストレ
ス発散だった10年前。息子が寝たら、チャンス！
とミシンをだし、夜なべをしていました。

私の祖母は裁縫が得意で、幼稚園や小学校の
グッズ、洋服など……祖母の手づくりアイテムは
今でも覚えています。だからこそ、**自分の子ども**
にも手づくりのモノをつくりたいという気持ちが
強かったのかもしれません。祖母がまだ生きてい
たら、丸投げしていたと思うけれど（笑）。

大好きな裁縫ですが、次男の入学とともに卒
業。小学校は手づくりの指定はないし、市販のモ
ノのほうがかっこいい（スポーツブランドという
だけでテンションのあがる我が子……）。学校指
定のサイズがあったときは、オーダーでハンドメ

ライフスタイルが変わったときこそ、手づくりを見直すチャンス!

イド作家さんに作ってもらったこともありました。SNSのフォロワーさんにハンドメイド作家さんがいて、水筒のひもカバーをオーダーしたのですが、縫い目も美しく、ハンドメイドならではのかわいさや温かみも感じられました。

自分自身の手づくりの卒業とともに、ミシンや集めていた布、裁縫のパーツもすべて手放しました。今は小さな裁縫箱ひとつですが、何も困っていません。時間があってハンドメイドがストレス発散になっていたころと、2人の育児をしながらなんとか時間を生みだそうとしている今とでは、時間の使いかたも変わっています。**手づくりは思いきって得意な人に任せて、その時間を子どもたちと過ごす**のも素敵な選択ではないでしょうか。

5 興味をもち、ときに頼る

""整理収納に""

私がプロに頼ることがあるように、**暮らしにまつわるすべてをひとりで抱えこむ必要はない**と思っています。誰にも苦手なことはあるし、時間も限られている。**やらなければならないことだけではなく、やりたいことにも時間を費やしたい。**

私は、2人育児で暮らしがまわらなくなったのをきっかけにモノと向きあい、整理収納のプロになりました。理論と方法を知ることで片づけが得意なことに変わり、セミナーやSNSを通じてその方法やアイデアを伝えています。

整理収納アドバイザーがいう「片づけで人生が変わる」という言葉は、私自身も実感していますし（アルバイトを探していた私が整理収納アドバイザーになって、こうして本を出版するのですから）、片づけの素晴らしさをたくさんの人に実感してほ

しいと思っています。片づけの基本は、学校でも習わないので知らなくて当然なのです。

また、私がファッションや料理、インテリアのプロに助けを求めるように、**みなさんの片づけもプロに頼んでいい**のです。片づけに悩んでいる人は、エアコン掃除やキッチンの換気扇掃除をプロの業者さんにお願いするのと同じように、整理収納アドバイザーに片づけを頼んでみてください。**驚くほど暮らしの変化を実感する**と思います。

現在、整理収納アドバイザーの資格を取得された人は、一〇万人以上いるといわれています。5倍速家事に欠かせない整理収納のノウハウ。あなたの時間を有効に使うために、片づけのプロに頼るのもひとつの方法です。

column

片づけの方法すら知らなかったころの暮らし

日々の生活のなかで、片づけの方法を教わることはあまりありません。私も片づけの基本を知らない環境で育ちました。よく「片づけなさい」といわれていたけれど、「片づける＝見た目がキレイになる」と思っていました。といっても、当時の我が家は来客も多い家でどちらかというとキレイだったと思います。いつも生花があって、ガラス棚のなかには海外の雑貨が飾られていました。モノは多くても、母の好きなモノがたくさんありました。

ただ、私自身はというと、学校の机の中はぐちゃぐちゃなタイプ。勉強机もスイッチが入ったら片づけていたけれど（片づけといっても並べなおしただけ）、いつも机の上は山のようにモノがあった記憶があります。夫と同棲していたときはデスクを並べていたのですが、週末になるとなぜか私のデスクだけモノが溢れていました（笑）。

夫と同棲していたときの部屋。写真を撮るときは完璧にリセットしていますが、週末は私の机だけ書類が山積みでした。デスクが並んでいたので、片づけが苦手な私のデスクの汚なさが際立って……。土日休みだったので、そのときになんとか片づけていました。

今思えば、掃除はよくしていたし、部屋はキレイだったけれど、使ったモノをもとに戻すことが苦手だった私にとって、管理できるモノの量を超えていたのだと思います。つまり片づけで最も大切な、整理のステップが抜けおちていたのですね。逆に夫はモノが多くても、使ったらもとの場所に戻せるタイプ。だから片づけに苦労したことがなく……整理の必要性を伝えるのが難しいのです。

小さなころの私が知らなかったように、まだ知られていないことも多い片づけの話。もっと多くの人に知ってほしいし、なんなら学校の授業のひとコマでも必修教科にしてもいいと思っています。

さらに、子どもだけではなく、私の母世代にも知ってほしい。私がいつも片づけの話をしているので、母は同じ世代の人に比べてモノが厳選されています。モノとの向き合いかたで60代からでもこんなに変わるのだと驚くほどです。時間を生みだしたいときにまず有効なのは「片づけ」。それはいつはじめても遅くありません。

talk

パーソナルスタイリストと考える日々のファッションコーデ

パーソナルスタイリスト

Emily × Nagisa

パーソナルスタイリスト
Emily《エミリー》
プロの販売員の経験を活かし、「個性を魅力に変える」スタイリングを提案。
くわしくは下記Instagram
@emily_personalstylist

音声配信アプリstand.fmのご縁にはじまり、InstagramのDMのやりとりから1年半近くNagisaさんのパーソナルスタイリストを担当されているEmilyさん。2人の関係性をうかがいました。

Nagisa（以下、N） こんな形で話せるなんて嬉しいです！

Emily（以下、E） 私もです！ 当時私が使っていたショルダーバッグをSNSにのせていたら、Nagisaさんが「どこのバッグですか？」ってコメントをくれて。第一印象はなんて丁寧で気持ちいい人なんだろうって。

N 私、当時すごくカジュアルな服装だったんですよ。仕事もまだそこまでしていなくて子どもと公園に行く服がメインだったので。それでショル

撮影＝ふぁま　取材・文＝竹村真奈

ダーバッグの写真を見たら、久しぶりに胸がときめいてしまったんです。

E そんなやりとりをしていた際にNagisaさんがセミナーをやることを知って、「ぜひ私にNagisaさんのお洋服を選ばせていただけませんか？」ってDMを送ったんです。写真を見たときにadidasのスニーカーにベージュのパンツ、白のシャツを着ていたんですけど、くっきりとしたお顔立ちとスタイルを生かせてない！もっと素敵なNagisaさんを見たいと勝手に妄想して（笑）。それでお声がけしたら、「実は悩んでいて」とすぐレスポンスをくれて。

N 誰もそんなこといってくれなかったからハッとしましたね。子育てをしだすと、服装も変わるじゃないですか。2人育児になったときはいつ自分の髪を洗っていいかわからなくて、なぜか洗面台で洗ってました。本気で坊主にしたいと思ったくらいですから(笑)。

E お風呂は、もう作業でしかなかったですよね。

N 浴びる、流す、みたいな(笑)。Emilyも子育てをしているし、まだ収入の少ない私のこともわかってくれているから、今これは買えないよねと理解してくれるんですよ。持っているアイテムを生かして、最小限に買い足すアイデアをくれるから、すごくやりやすかったんです。パーソナルスタイリストってすごいなって。

E それまではPRADAをはじめ、いくつかのショップで販売員をやっていたんですけど、「買ったけど、うまく着こなせなかった」というお客さまの声を聞いているうちに、「買ったことで満足、

売ったことに満足ってちょっと違うな」って。自分も年齢を重ねて、子育てがひと段落したのと両方が重なって、「もっとその人ごとのライフスタイルに寄り添った服選びがしたいな」っていう気持ちがでてきました。パーソナルスタイリストになれば、それができると思ったんです。

N 私、自分はワイドパンツははいちゃダメだと思っていたんです。背が大きすぎて雪男みたいになっちゃうから。でも「それは逆」っていわれたのが衝撃でした。お尻と体が大きいのが悩みで、スキニーパンツをはいて、オーバーサイズのトップスを着ればスタイルがよく見えると思って、毎日鬱血しそうなスキニーを大事にはいていました(笑)。

E スキニーパンツは、動きやすいストレッチ入りだから子どもと遊ぶお母さんの制服みたいなアイテムだったんですよね。Ｎａｇｉｓａさんのいいところは上半身。二の腕、腕が長くて肌もキレイ。だったら上半身をコンパクトに見せてボトムスはワイド。トップスにお尻を隠す丈を選んでボトムスとつなげて見せれば女性らしいシルエットをつくれるなと。ファッションは組み合わせ次第なので服の力に頼りすぎない、コーディネイト力をつけていくことが大事だとお伝えしました。

N Ｅｍｉｌｙとの出会いでファッションに対する考えかたが変わりましたね。「これは普段でもこうやって使えるよ」とかアレンジも教えてくれるから、持っている服がすべて循環していくのも気持ちいいですね。

conception d'affiches

Chapter 04

マインドリセットで5倍速

5倍速家事にとって大切なマインドリセット。
たくさんの知識が身についても
気持ちがついてきていなければ、
その知識も生かすことができません。
思考のベースを変えるだけでも
暮らしはいい方向へ向かっていきます。

1 30分後に来客がある設定で爆速イメトレ

いつも整った部屋をキープできれば、気持ちよく過ごせるとわかっていても、**生活している限り部屋は散らかるし、常にすべてのモノが定位置にある状態なんて無理。**仕事が忙しかったり、長期連休中だったり……と、イレギュラーな日常が続くと、部屋が荒れるのは当然です。

すぐに片づけスイッチが入ればいいのですが、ダラダラ過ごしてしまったり、最初の一歩が踏みだせない！　ということもしばしば。片づけの方法をいくら知っていても、モチベーションがゼロだったら動くことすらできません。

そんなときに**私がやっているのが、「ストーリー設定」**です。ちょっと想像してみてください。**今から30分後に来客があるとしたら？　きっとすぐさま立ちあがり、爆速で片づけるはず。その設定**

(ワンポイントアドバイス)

理想の部屋づくりはイメージトレーニングからはじめよう！

を自分のなかに憑依させるのです。私の場合は、「近所のお友だちが遊びにくる」とか、「取材のスタッフさんがくる」などが定番。タイマーをかけてどこまでできるか、よくやっています。

他にも、**モノを整理するときにイメージする「ミニマリスト思考」**。モノの整理で迷ったときは、私がミニマリストだったら？ と自問自答するだけで、片づけがはかどるんです。

限られた時間は、想像以上のパフォーマンスを発揮してくれるもの。逆に時間があるときほど、「思い通りに動けなかった！」という経験を何度もしています。動きだせばなんてことないのに、1歩が踏みだせないときは、ストーリー設定で自分の背中を押してみてください。

2 私の気持ちを代弁してくれない

" モノは

私の気持ちを

代弁してくれない "

毎日使うお気に入りのモノ、誰にも見られたくないけど手放せないモノ……部屋を見わたすと、たくさんのモノが目にとまります。一見、普通のモノでも、大切な思い出のあるモノかもしれない。

そのモノがもつストーリーは持ち主にしかわからないのです。

人は生きている限り、いつ何が起こるかわかりません。人間だからしかたがないし、限りある人生、今が楽しいからこそ、自分に何かあったとき、モノは気持ちを代弁してくれないと理解しておくべきです。

収納には限りがあります。なんとなく置いていたモノも、大事にしていたモノと捉えられてしまうかもしれないし、手放していいモノなのに家族はどうしていいかわからずに悩むかもしれない。

ワンポイントアドバイス

思い出の品はラスボス！ 片づけに慣れてからチャレンジしてみて。

例えば、誰にも見られたくない日記や、捨てられないいただきモノ……大切に残しておきたいなら問題ありませんが、**手にとってみてモヤモヤするなら手放して大丈夫。**大事に思っていないモノを勝手に大切なモノと解釈されてしまっても、自分が天国に行ったあとでは説明すらできません。

私は、卒業アルバムもほとんど手放しました。残したいページだけクリアファイルに入れています。どうしても見たくなったら、同級生の誰かが持っているはず（笑）。私が**自分の思い出として保管しているモノは、収納ボックスひとつ分。**実家にもないので本当にこれだけです。**自分で判断ができるときこそ、整理のチャンス。**自分にとって不要なモノは手放していいのです。

3
ポジティブ変換を
日々の習慣に

生きているといろいろなことが起こります。失敗だってするし、壁にぶつかることもある。いつも元気だよね！　といわれますが、それは捉えかたが違うだけ。**ポジティブに物事を捉えて言葉にすると、ネガティブは減っていくのです。**

例えば、食器が割れたとき、「せっかく大切にしていたのに。使わなければよかった」と考えるのか、「ケガをしなくてよかった。子どもが使っているときに割れなくてよかった」と考えるのかでは、全然違いますよね。不思議なことに、**ネガティブなことを口にすると、次に頭に浮かぶこともネガティブなことだったりします。**

ポジティブ変換が習慣になると、自然と息子たちへの声かけも変わりました。公園で息子が転んだときは、「よかった！　大怪我じゃなくて。す

り傷で済んでラッキー！」と声をかけるだけで、すりむいたことをちっぽけに感じるし、「転んでしまった！」と凹むことも減ります。こうした声かけをしていると、息子たちも「ああ、すり傷程度でよかった！」と自発的に考えられるようになるのです。私だって人間なので、毎回こんな声かけができるわけではありませんが……習慣になると意外とすんなり言葉として出てくるように。

残りの人生、ネガティブな言葉で埋めつくしている時間はありません。ポジティブな言葉は、ちょっと視点を変えるだけで生みだせます。ポジティブな言葉を発していると不思議と素敵な人と関わることも増えてくる。**ポジティブ変換には、物事をいい方向へ転換する力がある**のです。

ワンポイントアドバイス

モヤモヤしたときは、片づけで気持ちがスッキリすることも！

4

まず「考える」

ただ「悩む」よりも

私も壁にぶつかることはあります。そんなときは、ただ悩むのではなく、解決するためにどう行動すればいいのかを考えます。悩んで解決するなら悩めばいいけれど、結局、悩んでも解決しないことがほとんど。それなら**「悩む」を「考える」に変える。**そうすれば、次に自分がどう行動すればいいのかわかるし、前に進むことができます。

「考える」ときは、時間と環境にも気をつけて。私の場合、夜寝る前に布団の中で考えたところでいい答えは見つかりません。疲れているし、真っ暗な環境で考えても、答えのない迷路に迷いこむようなもの。考えるときは、朝や日中がおすすめです。夜に考えていたことも、朝起きると呆気なく解決した！　という経験を何度もしています。

それでも悩みが解消しないときは、自分が今す

ぐできそうなことを考えましょう。例えば「人間関係がうまくいかない。どうしよう……」と思ったら「まずはその相手と距離をおくと決める」など、心のなかで小さな1歩を踏みだすのです。そこからすべてが変わっていくと私は思います。大事なのは「自分の人生、好きにしていいんだ」と気持ちを前向きにすることではないでしょうか。

「悩む」を「考える」に変えるためには、一旦頭のなかからモヤモヤをとりだすのもオススメ。ノートに書きだしてもいいし、信頼のできる人に話すのもいいですね。**自分のなかから一旦とりだしてみると、次の1歩が見えてきます。その1歩を踏みだすことで、自分のなかに悩みとして残ることが減っていく**はずです。

ワンポイントアドバイス

モヤモヤは「自分は次に何ができるか？」を考えつつ吐きだして！

5

小さなタスクを
逃さない

"あとまわしにしがちな"

小さなタスクをあとまわしにするとどんどんタスクが積みかさなり、忙しい！ につながってしまいます。あとまわしを減らすためには、その**小さなタスクを逃さないしくみづくりが大切**です。

例えば、子どもから連絡帳を受けとったらすぐにサイン。返信が必要なプリントは受けとった時点でサインをして、連絡袋に入れてもらいます。郵便物は手に持ったらすぐしわけ（なんなら階段を上がりながらしわけします）、不要なモノはすぐにゴミ箱へ。歯医者やネイルも、会計のときに次の予約をすれば、小さなタスクが残りません。

私は冷蔵庫の横にToDoリストを置き、頭のなかに浮かんだ小さなタスクを逃さないようにしています。それは仕事中よりも、キッチンで洗いものや料理をしているときに思いだすことが多いから。

タスク管理に必要なモノは、すぐに見られる場所にだしておこう！

上：郵便物は、すぐにしわけを。確認や返信が必要なモノ、保管するモノに分類し、不要なモノは持ちこまない。
下：短冊型のTo Doリストは、クリップボードにマグネットを貼り、冷蔵庫横に収納。

小さなタスクを逃さないために、LINEのアプリもフル活用しています。カレンダーアプリに入れるまでもないタスクはここで簡単に管理。例えば、「9時に塾に電話」とか「再配達が20時にくる」など。忙しくて忘れそうなときはアプリにお任せ。LINEのアプリでタスクを登録すると、時間になったら通知がきます。通知がきたら、5分スヌーズなどの再通知もワンタップで完結。小さなタスクを逃さないために、活用しているツールのひとつです。

小さなあとまわしはどんどん積みかさなり、忙しい時間に限って襲いかかってきます。やればすぐに終わる小さなタスクこそ、あとまわしにせず、頭のなかに残さないようにしましょう。

6

"

「10分しかない」

じゃなくて

「まだ10分ある！」

"

10分という時間は長いですか？ 短いですか？

忙しい日々を送っていると、子どものお迎えまで

あと10分！ とか、習いごとまで10分しかない！

という場面によく遭遇します。しかし10分あれば、

実はできることもたくさんあるはず。

同じ10分でも子どもがいるときといないときと

では、家事の進み具合が全然違います。掃除をし

ている途中におもちゃをひっくりかえしたり、家

事の途中でママ！ と呼ばれたり……。だからこ

そ、幼稚園や小学校に行っている時間が大事です。

息子の幼稚園では、バスの位置と到着までの時

間をアプリで確認できていました。仕事がひと段

落して、バスが幼稚園を出発し、「残り10分」と

表示されたら、バスとの勝負のはじまり！

10分あれば掃除機がかけられる！ 洗濯物もと

ワンポイントアドバイス

掃除道具はすぐにとりかかれるように、だしいれしやすい場所に収納を！

上：アイアン（鉄製）の脚がお気に入りのテレビ台とソファー。どちらもお部屋がスッキリ見え、掃除がしやすい。
下：子どもたちがいるとぐちゃぐちゃになりがちなクッションも、隙間時間で整える。いつもキレイでなくてもオッケー。

りこめる！……「あと10分しかない」と考えず、10分でできることを思いきって全力でやっていました。もちろん、のんびりするときもありましたが(笑)。そんな幼稚園バスのGPSとの競争はゲーム感覚で楽しかったです。

まとめて家事ができないときは、**10分だけでもできることを積みかさねる**しかありません。すべての窓掃除ができないなら、1面だけふいてもいいし、洗濯物をとりこむ時間がなければ、タオル類だけとりこんだらいい。朝の10分だけ玄関掃除をするのもおすすめです。時間があるときよりも、時間が限られているほうが力を発揮できることも多いです。**10分の積み重ねが、未来の自分を楽にしてくれます**よ。

Chapter 04　マインドリセットで5倍速

7

"自分の「好き」は
とことん
あきらめない"

5倍速家事では、ドタバタと休みなく動くのが正解！　というわけではありません。忙しいからといって自分の好きなことまでやめる必要はないし、むしろ自分の好きなことは積極的にとりいれるべきです。心が穏やかでなければ、行動する元気もでませんからね。

私の場合、植物や生花がそのひとつ。**花を見ているだけで癒されるし、そのお手入れをする時間すら癒しの時間**です。キッチンには生花を活けていたり、ときには巨大な枝物でキッチンが森のようになることも……（笑）。子どもたちと一緒に生花店さんへ行って、私が選ばないような色の花を選ばれることもありますが、それもありですよね。

また、我が家には季節ものの雑貨があまりないので、生花で季節を感じています。春はドウダン

ツツジ、冬になるとサンキライを使ってリースを作ります。サンキライはそのままお正月のお飾りにアレンジします。

年末年始にはおせちもつくります。日ごろ忙しい分、年末年始は思う存分料理に没頭。小さいときからおせちは大好物。1年分の料理欲をここで満たしているのかもしれません。

やるべきことは5倍速家事で時短しながら、好きなことはとことん楽しむことで暮らしにメリハリが生まれます。なんとなく過ごすのはもったいないし、好きなことは積極的にとりいれたいものです。好きな曲を聴きながら家事をするとはかどるように、心が豊かになることで日々の活動力は確実にアップすると思います。

ワンポイントアドバイス

好きなことは無理に手放さなくて大丈夫! 自分の気持ちを大切に。

8

制限があるからこそ
おもしろい

" 日々の暮らしは "

我が家は中古のマンションを購入しました。子育て環境のよさ、部屋の真下が共用部分であることが絶対条件で、内装まで考えていませんでした。

完璧な動線でつくられた注文住宅やリノベされたおしゃれで機能的な部屋。憧れはあるけれど、今のような制限のある部屋も面白いと思っています。困るポイントがあるから工夫するし、暮らしやすさはやりかた次第で変えていけるのです。

我が家の玄関には飾り棚やオープン収納はなく、とてもコンパクト。**片づけしやすいしくみをつくりたい！** と思ったときに考えたのが、**超強力両面テープで木製フックをとりつけること**でした。靴箱の幅に合わせた木材にネジでフックをとりつけ、その木材を超強力両面テープで固定しています。子どもがアウターや帽子を玄関で脱ぎちらか毎日の生活で困ったときは、アイデアが生まれるチャンス！

ろうか収納でも超強力両面テープを活用。超強力両面テープをつけるときはマスキングテープで養生すると原状回復しやすくなる。

さなければ、思いうかばなかったアイデアです。

また、子どもたちが愛用している虫とり網。蝉をとるためには長い虫とり網が必要ですが、収納場所がありません。そこで考えたのが、０２７ページで少し触れた、お風呂用のディスペンサーホルダーでドアに引っかける収納。見せる収納にすることでだしいれしやすくなりました。収納以外にも**壁を塗ったり、キッチンに飾り棚をつけたりと日々アップデート**しています。制限があってもできることはたくさんあります。最近ではおしゃれな突っ張り棒や、はがせる壁紙などもありますしね。

あきらめずにできることをやってみる。そうすることで、家事が効率的になったり、部屋がお気にいりの空間に変化していくと思っています。

column

5倍速の生みの親は母の子育てにあり？

私も過去に挫折を経験しました。自分ではそこまで挫折と捉えていませんが、一般的には挫折というはず（笑）。私は大学で情報工学を専攻し、大学院まで通っていました。進路を相談したときに、周りからは、「大学まで行かなくていい」「大学院に行かずに就職しろ」といわれたことも。でも母だけは、自分の好きなことをやりなさいと、私のやりたい方向に進めるようにサポートしてくれていました。

誰もが知る大手企業に就職して見返してやる！　と思っていた私は、ある企業に就職。しかし、背伸びして入った企業で、自分の無力さに気づきます。数学が好きだから理系、物理が好きだから工学部、大手企業に就職したいから大学院……自分の好きなことがわからないままなんとなく進んでいました。気づくのが遅すぎる（笑）。今まで努力だけでなんとかなったけれど、ここではじめての挫折を経験します。

小さいときの写真を見ると、いつも着せかえ人形のようにかわいい洋服を着せてもらっていました。どんなときもポジティブで、どこまでも味方でいてくれる母。私も息子たちの背中を押してあげられるような母を目指したいものです。

自分でも「限界だなぁ」と思っていたときに、夫の北海道への転勤が決まり、私は会社を辞めることに。知り合いには「もったいない」なんていう人もいましたが、私の母だけは「一度きりの人生。好きにしなさい」と背中を押してくれました。なんなら、疲弊した私を心配し、ホッとしていました。

大学院へ行ったことで、たくさんの経験もできました。就職先の同期は今でも連絡をとる大切な仲間です。あのころがあったから今の私があると思っています。

母が「高層ビルや飛行機からの景色を見てごらん。小さな世界にいると悩みは大きく見えるけど、自分の悩みなんて米粒みたいに思えるから」とよく話してくれていました。飛行機から外を見るたびにその言葉を思いだしては、やる気をチャージしています。

今でも母は一番の相談相手であり、ビジネスパートナー。5倍速家事の思考も、母の子育てを通じて生まれたのかもしれません。

Chapter 05

あえてやめる家事で5倍速

限られた時間ですべてを完璧にこなすのは至難の業。
やりたいことにかける時間をつくるためには、
思いきって「やめる」ことも大切です。
がんばりすぎて時間がなくなるのであれば、
何かを手放して生まれる時間をつくってみてください。

1

師走の大掃除は
最小限に

12月の大掃除の時期は寒いし、年末年始に向けていろいろ大変……そんなときにまとめて大掃除をするのはやめて、**秋のはじめごろからコツコツと掃除を済ませていくほうが気持ちも楽**です。

12月の寒い日のベランダ掃除や窓掃除なんて、まるで修行のよう！ だからこそ、私は**大掃除を10月からスタート**します。暖かい日も多い10月はベランダ掃除や窓掃除にピッタリ！ 寒いどころか、外での掃除が心地よい季節だと思います。

また、**レンジフードの掃除は、気温が低いと油が固まり汚れも落ちにくくなるため、秋の掃除のほうが効率的**。もう何年も秋の掃除を続けていますが、メリットしかないと思っています。

掃除だけでなく、モノを整理するのにも秋はおすすめの季節です。暖かい日に窓を開けて空気を

上：窓掃除は気温の高い晴れた日を狙って。カーテンを洗うのも窓を開けて心地よい季節に。
下：シロッコファンは、大きめのビニール袋の中にお湯、重曹、食器用洗剤を入れてつけおき。数時間後にブラシでこするだけ。

入れかえながら整理ができるのはもちろん、手放したモノの処分も年末にまとめずに行えます。私の地域では粗大ゴミの回収は月に1回（しかも事前の申しこみが必要）なので、年末にモノの整理をしてしまうと、不要なモノとともに年越しをすることにもなりかねません。

さらに、直接ゴミ処理場へ持ちこむ場合も年末は激混み。**不要なモノを先に手放しておくと、大掃除もスムーズ**です。時間をかけて並ぶことを考えると、早めの手放しが絶対に効率的ですよね。

冬休みや帰省など……少しでも余裕をもって過ごしたい12月。10月ごろからコツコツと掃除をして、12月に最低限の掃除で済むようにしておけば、家族とののんびり過ごす時間を楽しめますよ。

早いうちから掃除が済んでいれば年末も楽になる！

2

見た目重視の
収納にさよなら

" 美しい収納は誰のため？ "

SNSで見る美しい収納に憧れて、真似して
みたもののリバウンドしてしまった……そんな経
験はありませんか？ 私も整理収納アドバイザー
になる前は見た目が美しい収納を目指していまし
た。その収納が悪いわけではありませんが、私に
は合っていなかったのです。

大切なのはその収納が自分に合っているかどう
か。収納は目的や使う人によって変わります。効
率重視の我が家では見えるところは見た目を意識
し、棚の中は片づけやすさを優先しています。

例えば、扉のついた棚の中。お薬手帳は中身が
ちょっと見える高さの収納ボックスを使っていま
す。わざわざ**収納用品をとりださなくても、ひと
目で目的のモノがわかり、だしいれも簡単**です。
ラベリングは基本、ラベルライターをやめてマ

ワンポイントアドバイス

見た目を優先しすぎず、自分自身の使いやすさを考えてみて!

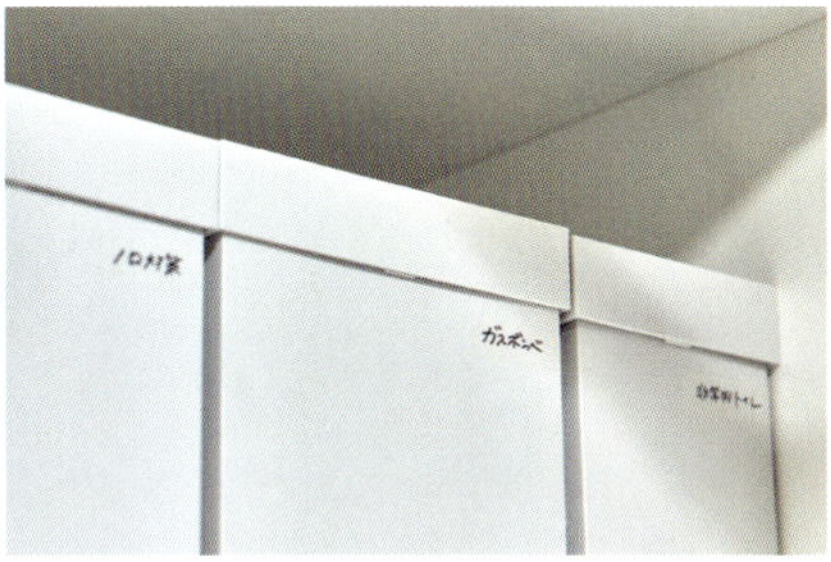

上：お薬手帳は高さの低いボックスに、兄弟の色分けが見えるようにして収納。下：非常用トイレやカセットコンロのボンベもファイルボックスを使い、洗面所の高い位置にフタをつけて収納。

スキングテープに手書きに。ラベルライターをだすのが面倒で収納場所のアップデートをあとまわしにしたことがきっかけでした。気軽に収納を変えられるほうが私には合っていたのです。

詰めかえも最小限に。統一された詰めかえ容器に憧れた時期もありましたが、今は**家事の時短が優先**です。詰めかえたほうが効率的なモノだけ、詰めかえるようになりました。商品パッケージこそ最もわかりやすいラベリング。すっきり見せなくてもいいところはそのままでいいのです。

収納用品選びにも変化が……今は、**見た目の美しさよりもお手入れのしやすさや汎用性の高さを大切**にしています。今の暮らしに合ったアイテムを選ぶことで、暮らしは楽になるはずです。

3 苦手なメンテナンスを減らせるモノ選び

食事や洗濯、掃除といった家事に加え、私たちは多くの名もなき家事をこなしています。毎日の家事ですら忙しいのに、できることならこれ以上タスクを増やしたくない。そこで私は、**メンテナンスを減らせる家事用品選びをとりいれました。**

例えば、とりかえが面倒で放置しがちな使い捨ての除湿剤。使い捨てをやめて、調湿機能のある出雲カーボンの木炭「炭八」に変えました。初期コストはかかっても、長く使えるので買いかえる手間と、ゴミの削減に成功しました。

加湿器は掃除をサボり、気がつけばフィルターが悲惨なことに……。強力な洗剤でも汚れがとれず、フィルターごと買いかえるというもったいないことをしていました。そこで、フィルターのないタイプに買いかえ。**電気代は少し高くなりまし**

>
> モノを買うときはそのモノのメンテナンスの手間までチェックを！

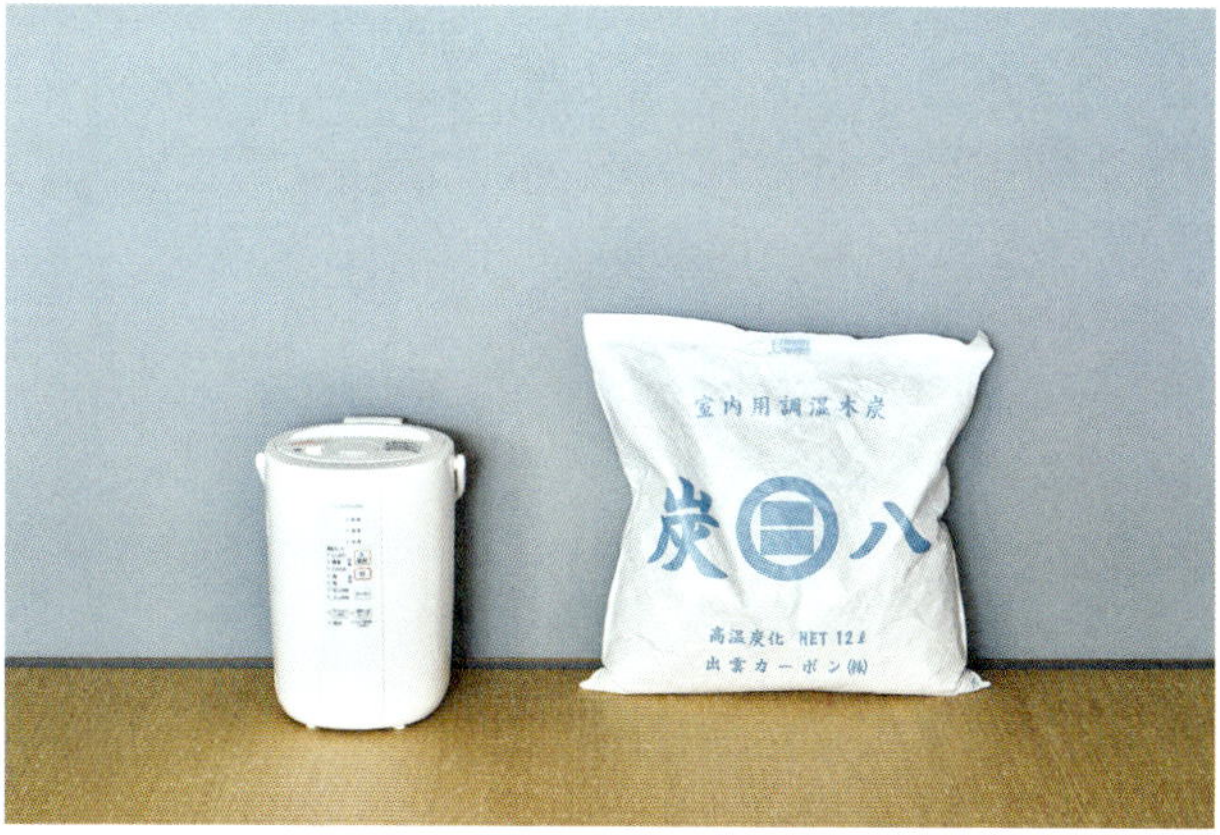

上：加湿器は象印マホービンのスチーム式加湿器。出雲カーボンの炭八はサイズ展開も豊富。無地のタイプもあるけれど、このロゴがお気に入り。下：アイリスオーヤマのエアリーマットレスは夏の時期にベランダで丸洗い。半日ほどで乾きます。

たが、**メリットのほうが圧倒的に大きかった**です。

羽毛ぶとんも今まではダニを退治するために年に2回はコインランドリーで乾燥機にかけ、自宅の掃除機でダニの死骸を吸っていました。そこで、敷布団はアイリスオーヤマの「エアリーマットレス」に。通気性が高く、抗菌防臭加工・制菌加工が施されているうえに、ベランダで丸洗いもできます。また、掛け布団もダニが侵入しにくい構造の布地を使用したモノに変更。これで**ふとん洗いの一大イベントから卒業**です（笑）。

ついあとまわしにしがちな名もなき家事。モノ選びで暮らしが楽になるのであれば、積極的にとりいれていいし、それにより生まれた時間で他のやりたいことができるならば最高ですよね。

4

日用品のストックはできる限り少なく

みなさんの家にはどれくらいのストックがありますか。安いからと買いだめして棚のなかに溢れていないでしょうか。**貴重な収納スペースを占有してまで、大量のストックを置いておくことは、必ずしもお得とはいえません。**

家庭によって、必要な日用品の量も種類もさまざまです。近くにドラッグストアがある家と、ドラッグストアまで車で1時間かかる家とではストックする量も変わりますよね。まずは**今の暮らしに必要な量を知り、ストックをできるだけ少なくすること**で管理は楽になります。

必要な量が把握できない人は、開封したときに日づけを書いてみてください。開封日からどのくらいで使いきっているかを知ると、それほどストックが必要ないことにも気づけます。数カ月分

大量のストックをあえてやめることで、無駄な出費、作業が減ります!

と思っていたストックが2年分あったら、もうお得な洗剤を見ても買おうと思いませんよね。

我が家で大容量の洗剤を買っているのは、ミマスクリーンケアの洗濯洗剤「緑の魔女」だけです。この洗濯洗剤だけは近所に売っておらず、使用頻度も高いため、大容量のモノを購入しています。ボディーソープはストックがひとつあれば十分だし、柔軟剤などは足りなくなってから購入しても困りません。

新しいモノを試したくなったら、使いきれる少量のモノを買うようにしています。今の暮らしに必要な量を把握して、必要なストックだけを買う。これだけでもモノの管理をする時間を減らすことができるのです。

5

洋服は全部たたまなくてもあっさり片づく

洗濯という家事には、「回収・洗う・干す・たたむ・片づける」などのステップがあります。家族の人数が多い場合は、1日に何度も洗濯機をまわすでしょうし、量もとんでもなく多いはず。そして、夕方の忙しい時間にやってくる家事のフィナーレが、我が家の場合は「洗濯物の片づけ」なのです。

洗濯物の片づけを楽にするために、我が家では基本、**たたまなくてもいいしくみ**にしました。**クローゼットに余白**をつくり、時間のないときは乾いた服をハンガーにかけたままクローゼットに移動するだけ。時間のあるときにたたんで片づけたらいいのです。息子たちの靴下もキレイにたたむのはやめました。**収納場所だけしっかり作っておけば、そこに投げいれるだけでオッケー**。パジャマは2~3セットでまわしていて、洗面所で部屋

ワンポイントアドバイス

たたまないしくみをつくるためには、洋服を厳選し、量を減らす！

上：たたまない収納にするためには、クローゼットの余白が大切。ぎゅうぎゅうのクローゼットは、だしいれもしにくいです。
下：下着や靴下も兄弟で色わけをすれば迷わないし、最低限の数にすれば管理も楽に。インナーも同様に色わけを。

干しをしているときは、乾いたパジャマだけそのままとりこまずに置いていることも(笑)。

また、意外と時間がかかるのが「誰の洗濯物なのか?」の判断。我が家ではしわけをスムーズにできるよう、**下着や靴下は兄弟で色わけ**しています。毎回タグやサイズを確認するのが面倒だからです。インナーも色わけしているので、子どもたちから「これはどっちの?」と聞かれなくなりました。

私は和室のハンガーラックに自分にとって「1軍」の服を収納しています。たたむのはインナーと季節外の服だけ。**厳選された服だけになると、日々の片づけもグンと楽になる**のです。些細なことですが、洗濯という家事が楽になるだけで、忙しい夕方が変わっていくと思っています。

6

日々の家事の
ハードルを
下げよう

今の暮らしでの最大のミッションは、「母である私がごきげんでいられること」。子どもたちとの大切な時間にイライラしたり、怒ったりしたくないのです。ゼロにするのは難しいけれど（笑）。

とはいえ、毎日完璧に我が家をリセットする時間がないのが現実。そこで **「夜にリビングとキッチンだけ片づければオッケー」** と、家事のハードルを下げました。来客や撮影があれば片づけますが、忙しい日々のなかで子どもたちの勉強机が散らかっていても困りません。

2人の育児がはじまってすぐのころは、夫が帰ってくるまでに完璧に家事を終わらせて、家中の部屋も整えていました。今思うと何に必死だったのか謎ですが、**ちゃんとやらないといけない！** という呪縛にとりつかれていたのかもしれません。

すぐに片づけられるような、家全体のしくみづくりが大切。

それが間に合わなくて、まだ小さな長男を相手にイライラしていたのですから……あのときの私に完璧じゃなくてもいいよ、と伝えたいです。

もちろん、リビングに勉強机があって、ごちゃつきが気になる場合は片づけたほうがいいし、暮らしによってどこのハードルを下げられるのかは変わると思います。私の場合、子ども部屋は死角にあり、それほど気になりませんでした。

朝起きてリビングとキッチンがリセットされていればそれだけで気持ちがいいし、整った部屋でやる気スイッチも入ります。いつもすべてを片づけられれば心地よいのはわかっているけれど、それは難しい。そんなときは、**少しハードルを下げるだけで毎日の暮らしが楽になる**と思います。

7 キッチン家電こそ厳選して残す

暮らしに必要な家電は、忙しい日々を助けてくれる相棒のようなモノ。しかし、意外にも手放すことで楽になるモノもあると気づきました。**キッチン家電はメンテナンスも必要だし、そのモノがあるだけで掃除のハードルも上がります。**

我が家のキッチンで手放した家電は、電子レンジ、トースター、炊飯器。一番驚かれるのは電子レンジですが、きっかけは電子レンジの調子が悪くなったことでした。不具合からか加熱ができなくなったり……そんな気まぐれにつきあう時間はない！　と、使うのをやめたのです。

さすがにすぐ捨てる勇気はなく、まずは**電子レンジを使わない1週間チャレンジ**をしてみました。冷凍ご飯はやめて、朝炊いたご飯は冷蔵保存し夕方に蒸す。冷凍食品は揚げるか湯煎のモノを選び、

ワンポイントアドバイス

暮らしの変化にともなって、「当たり前のようにあるモノ」の見直しを！

お菓子づくりはやめる。そうすると、なくてもいけるかも？　と気づきました。困ったら買えばいい！　と思っていましたが、電子レンジ自体やその周りの掃除も不要になり、結果、電子レンジのないすっきりしたキッチンのトリコに。

その他にも、炊飯器とトースターを手放しました。鍋で炊いたご飯やせいろで蒸したパン……このおいしさを知ってしまうと、わざわざ家電を買おうとは思わなくなりました。

子どもたちの成長とともに必要な家電も変わるかもしれません。**家にあるのが当たり前になっている家電も、ないほうが暮らしが楽になる場合もある**のです。キッチン家電が厳選されると、できる範囲でやればいいんだと思考も整理されました。

column

まわりの人は急には変われない。まずは自分から

片づけの基本を知り、その快適さを知ると、どんどん他の部屋も整えたくなっていきます。そうなると気になるのが、家族のモノ。整理収納のセミナーでよくいただく質問が「夫がモノを捨ててくれません」という相談。その気持ちはとてもよくわかります。でも、一緒になって片づけに協力的になる！　なんていうのは稀なこと。

私もどんどん自分のモノが整理されていくと、気になるのは夫のモノでした。少しの荷物を見るだけでも、こんなにいらないだろう……とソワソワしてしまうほどです（笑）。そんなときは、何に具体的に困っているかを伝えるのもひとつの方法。「子ども部屋をつくってあげたい」とか「もっと家事を楽にしたい」とか……。ただ「片づけて」と伝えるだけでは動いてくれませんからね。片づけは目標がなければうまくいきません。困っていることや理想の暮らしがあるから行動にうつせ

夫の引きだしには「PAPA」とラベリング。この3段に収めてね！ というメッセージの代わりにもなっています。中身は8割収納とはほど遠いけれど、困っていないからしかたがない(笑)。たまに「全部だし」をして子どもたちと同じように、いる、いらないの整理をします。

るし、片づけのゴールを感じられるのです。

そして、次に大切なのは、「自分のモノからとことん整理する」こと。夫のモノは「ラスボス」と決めて、片づけるのは一番最後で大丈夫。私もあるお客さまのクローゼットの片づけをサポートしたことがあります。そうしたら数日後、いくらいっても片づけなかったのに、とつぜん片づけをはじめたそうです。実際に片づいたクローゼットを見て、自然に体が動きはじめたのでしょう。

絶対にやってはいけないのが、「気づかないだろう」と、勝手に捨ててしまうこと。そのモノの価値は持ち主にしかわかりません。「勝手に捨てられた」という思いは、たとえ大人であってもトラウマになってしまい、片づけのゴールが確実に遠のいてしまうからです。

子どもたちは、幼いころから整理をはじめることで、片づけの思考を積み重ねていくことができますが、大人の思考を変えるのは難しい。そんなときこそまずは自分自身のモノを整理してみてください。

おわりに

最後まで読んでいただきありがとうございました。はじめに手にとったときに想像していた「5倍速家事」と、読み終えたあとではどんな変化があったでしょうか。

2人育児がきっかけで日々の生活を見直し、工夫を重ねてきた私の暮らしのしくみ。苦しかったワンオペ育児の時期があったからこそ、「5倍速家事」は生まれました。もうひとりの自分がほしい！と必死だったあのときの自分のように、今必死でがんばっているみなさんや、日々の暮らしに追われてしまっている人たち。この本をきっかけに、少しでもヒントが見つかって自分時間をつくることができたのなら……私はとても幸せです。

子どもたちが小学生になった今、できることも増えてきて、時間の使いかたにも変化が現れています。ライフスタイルはどんどん変化していくし、だからこそ面白い。完璧な子育てはできていないかもしれないけれど、子どもたちと笑顔で過ごせる時間が増えたなら、私は100点だと思っています。今しかない子育てのとき、今しかない仕事に一生懸命なとき、それぞれの「今しかないとき」を楽しく過ごしていきたいですよね。

2人育児でピリピリしていたころと比べると、夫との関係もよりよくなってきたと思います。暮らしが変わり、充実した日々を送ることができると家族も幸せになっていくのですね(笑)。微力かもしれないけれど、ひとりでも多くの人が、この本をきっかけに暮らしを見つめ直すことができて、大切な人たちと笑顔で過ごす時間も増えたのならば、こんなに嬉しいことはありません。

いつも刺激を与えてくれたり、応援してくださるみなさんには本当に感謝の気持ちでいっぱいです。

はじめての書籍で文章を書くことすら不安だった私に、温かくそして楽しくサポートしてくれた編集者の竹村真奈さん、1冊の本という形にしてくれたGakkenの石尾圭一郎さん。私のイメージをくみとり理想的なデザインにしてくれたデザイナーのひぐちゆきこさん、私のお部屋に魔法をかけたような写真を生みだしてくれたカメラマンの木村文平さん。

そして、いつも私の可能性を信じてくれるビジュアルコンサルタントの能登屋英里さん、ファッションで私に自信を与えてくれるパーソナルスタイリストのEmilyさん、料理の楽しさを思いださせてくれたvickeさん、我が家のインテリアを一気に変えてくれた山形奈都子さん。Emilyさんとの対談写真で自然体の私たちを引きだしてくれたカメラマンのふぁま。そして、美しくパワーのあるタイトルを書いてくれた書家の中村ふくさん。

最後に、常に私を近くで支えてくれる家族。そして、私が小さいころから、いつもポジティブマインドで人生の楽しさを教えてくれる母。ここに書ききれないたくさんの方々の支えがあって、この1冊の本が形になったと思っています。

この本をきっかけに、みなさんの暮らしがよりよくなり、そしてご家族のみなさんの幸せにつながりますように。

2025年1月吉日

Nagisa